智能金融

人工智能在金融科技领域的13大应用场景

谷来丰 赵国玉 邓伦胜 著

电子工业出版社
Publishing House of Electronics Industry
北京·BEIJING

未经许可,不得以任何方式复制或抄袭本书之部分或全部内容。
版权所有,侵权必究。

图书在版编目(CIP)数据

智能金融:人工智能在金融科技领域的13大应用场景/谷来丰,赵国玉,邓伦胜著.--北京:电子工业出版社,2019.11

ISBN 978-7-121-37265-0

Ⅰ.①智…Ⅱ.①谷…②赵…③邓…Ⅲ.①智能技术-应用-金融Ⅳ.①F830.49

中国版本图书馆CIP数据核字(2019)第179257号

责任编辑:胡 南
印　　刷:三河市鑫金马印装有限公司
装　　订:三河市鑫金马印装有限公司
出版发行:电子工业出版社
　　　　　北京市海淀区万寿路173信箱　邮编100036
开　　本:720×1000　1/16　印张:19.5　字数:185千字
版　　次:2019年11月第1版
印　　次:2019年11月第1次印刷
定　　价:78.00元

凡所购买电子工业出版社图书有缺损问题,请向购买书店调换。若书店售缺,请与本社发行部联系,联系及邮购电话:(010)88254888,88258888。
质量投诉请发邮件至zlts@phei.com.cn,盗版侵权举报请发邮件至dbqq@phei.com.cn。
本书咨询联系方式:010-88254210,influence@phei.com.cn,微信号:yingxianglibook。

目录

前　言　　　　　　　　　　　　　　　　　　　　　　xi
自　序　　　　　　　　　　　　　　　　　　　　　　xvii
推荐序　　　　　　　　　　　　　　　　　　　　　　xxi

第一章　金融科技（FinTech）发展盘点

第一节　金融科技（FinTech）的兴起与发展　　　001
　　一、金融科技（FinTech）的兴起　　　　　　　002
　　二、金融科技（FinTech）的发展演进　　　　　003

第二节　金融科技（FinTech）ABCDI五大要素　　009
　　一、金融云的快速部署　　　　　　　　　　　010
　　二、区块链为金融业带来深刻变革　　　　　　016
　　三、金融大数据广泛应用　　　　　　　　　　029
　　四、人工智能引领金融科技未来　　　　　　　034
　　五、传统金融互联网进程加速　　　　　　　　042
　　六、金融科技（FinTech）五大要素间的关系　　049

第三节　金融科技（FinTech）的主要参与者　052
　　一、传统金融机构　054
　　二、新兴金融科技（FinTech）公司　059
　　三、互联网巨头　060
　　四、监管机构　062
　　五、全球金融科技100强（2018年）　066

第二章　人工智能的兴起与发展

第一节　人工智能的兴起和历史沿革　074
　　一、人工智能概念的提出　075
　　二、人工智能两个创始人的故事　078
　　三、人工智能发展的"三次浪潮"　080

第二节　人工智能技术基础　094
　　一、人工智能的研究领域及分层　094
　　二、人工智能的技术体系　095

第三节　人工智能在金融领域的应用综述　116
　　一、金融领域是人工智能最好的应用领域　117
　　二、人工智能在金融科技领域的应用框架　120

第三章　人工智能在金融科技领域的应用一

场景一：智能支付　　125
　　一、何谓智能支付　　126
　　二、人工智能在智能支付领域的创新　　129
　　三、智能支付领域的应用实践　　130

场景二：智能营销　　133
　　一、何谓智能营销　　133
　　二、人工智能在智能营销领域的创新　　135
　　三、智能营销领域的应用实践　　136

场景三：智能客服　　141
　　一、何谓智能客服　　142
　　二、人工智能在智能客服领域的创新　　143
　　三、智能客服领域的应用实践　　147

场景四：智能征信　　151
　　一、何谓智能征信　　152
　　二、人工智能在智能征信领域的关键影响　　153
　　三、智能征信领域的应用实践　　157

场景五：智能风控 　　　　　　　　　　　164
　　一、何谓智能风控　　　　　　　　　　164
　　二、人工智能在智能风控领域的创新　　165
　　三、智能风控领域的应用实践　　　　　169

场景六：智能开户 　　　　　　　　　　　173
　　一、何谓智能开户　　　　　　　　　　174
　　二、人工智能在智能开户领域的创新　　176
　　三、智能开户领域的应用实践　　　　　178

第四章　人工智能在金融科技领域的应用二

场景七：智能投研 　　　　　　　　　　　183
　　一、何谓智能投研　　　　　　　　　　183
　　二、人工智能在智能投研领域的创新　　186
　　三、智能投研领域的应用实践　　　　　190

场景八：智能投顾 　　　　　　　　　　　193
　　一、何谓智能投顾　　　　　　　　　　193
　　二、人工智能在智能投顾领域的创新　　194
　　三、智能投顾领域的应用实践　　　　　196

场景九：智能交易   203
    一、何谓智能交易   203
    二、智能交易的基础与争议   205
    三、智能交易领域的应用实践   210

场景十：智能理赔   214
    一、何谓智能理赔   214
    二、人工智能在智能理赔领域的创新   215
    三、智能理赔领域的应用实践   217

场景十一：智能保险   222
    一、何谓智能保险   222
    二、人工智能在智能保险领域的创新   224
    三、智能保险领域的应用实践   228

场景十二：智能机具   230
    一、何谓智能机具   230
    二、人工智能在智能机具领域的创新   232
    三、智能机具领域的应用实践   235

场景十三：智能安保   238
    一、何谓智能安保   238
    二、人工智能在智能安保领域的创新   241
    三、智能安保领域的应用实践   243

第五章　人工智能在金融科技领域的未来展望

第一节　人工智能发展展望   245
    一、人工智能将改变或颠覆的行业   246
    二、人工智能技术发展趋势   247
    三、人工智能重要变革方向   250

第二节　人工智能在银行领域的未来   253
    一、人工智能将重构银行业务体系   253
    二、风险管理是人工智能在银行最核心的突破   255
    三、无人银行已现江湖   259
    四、银行的本质不会改变   263

第三节　人工智能在保险领域的未来   263
    一、人工智能在保险领域的应用前景   264
    二、智能保险面临的挑战   266

三、人工智能让保险客户感觉"更舒服" 267
　　四、"AI+保险"还有多远 269

第四节　人工智能在证券领域的未来 271
　　一、人工智能在证券领域的应用 272
　　二、人工智能如何改变证券业 275
　　三、人工智能赋能证券业全面数字化转型 277

第六章　得人才者得天下

　　一、即将被人工智能抢走的职业/岗位 281
　　二、人工智能解构金融人才体系 283
　　三、"AI+金融"人才体系重构与高校非学历教育的使命 284

前言

　　2019年春节前夕，一则《真的靠"脸"吃饭！温州五马街成全国首条刷脸支付商业街》[1]的新闻，让拥有百年历史的五马街再次火了起来。据报道，该项目系由温州市政府携手阿里巴巴、蚂蚁金服联合打造，消费者在五马街首批20家试点优质商户店内结账时，只需将面部对准一台iPad大小的刷脸设备"蜻蜓"，就能快速完成刷脸支付，整个过程不超过10秒，不仅能够大大缓解高峰时期收银压力，而且相比于密码支付方式来说，"刷脸"支付更加便捷，也更

1　http://wzrbw.cmstop.cn/p/92047.html

加安全。不仅如此,蚂蚁金服还与当地政府共同成立了"金融科技创新实验室",依托人工智能、云计算、区块链等领先科技手段融合金融监管实践的智能监管科技系统——"蚂蚁风险大脑",开发出了温州市金融信用信息评价系统,针对温州中小企业的经营情况,智能化判断相适应的金融创新和服务产品,比如经营状况优良的商家,就能优先获得来自银行的贷款、支付宝的营销活动补贴等各类优惠政策及服务。

一石激起千层浪,一条短短的新闻透露出以人工智能为首的金融科技(FinTech)快速发展给金融业及相关领域带来的巨大变化:

一是金融科技(FinTech)的快速发展助推了智能生活时代的到来。近年来,随着智能手机的普及和电商的迅猛发展,移动支付、大数据征信等金融科技手段的应用在国内已逐渐普及,而以面部识别、语音语义识别、智能投顾等形式的人工智能技术在金融科技领域的应用场景正初步展现优势,并将随着技术的逐步成熟进一步从金融服务领域延伸至其他生活场景,比如在温州五马街购物的消费者们将会发现,未来智能生活时代已悄然来临。

二是"AI[1]+金融"的应用加速了传统金融业及监管机构与科技的

---

1 AI:人工智能(Artificial Intelligence),英文缩写为AI

融合。人工智能技术不仅限于上述初级形式，更重要的是，随着互联网技术的全面无死角覆盖和渗透，人工智能、大数据、云计算、区块链技术的逐步普及，传统金融体系的基本要素如货币、支付、账户、存款、贷款和信用系统等，将会面临着被解构和重组，原有的部分要素可能会消失，新的基本要素也可能会产生。面对人工智能技术的迅猛发展和其在金融领域的广泛应用，传统金融机构和监管机构也积极响应，通过自主开发或加强与金融科技巨头间的合作，开发更多的人工智能应用场景，比如开篇新闻报道中提到的蚂蚁金服与温州市金融办联合开发的温州市金融信用信息评价系统，正逐步提升中小企业金融服务成效。

三是"AI+金融"将重构金融业人才体系。一方面，既懂人工智能又懂金融运作流程的人才目前非常难找，其薪水一度出现上不封顶的局面。另一方面，随着人工智能技术的发展和应用，传统金融机构中的部分岗位如信用分析、风险控制、贷款审批、投资顾问、公司估值等岗位将逐步被替代，比如：2000年，高盛现金股票交易柜台拥有交易员600名，到2017年，仅剩下2名；德国商业银行预计，到2020年将裁掉9600名员工；荷兰ING银行2016年发布"数字转换"计划，裁员5800人；花旗银行也曾发布数据预测：2015—2025年欧美银行将裁员30%，约170万人[1]。传统金融机构想要真正拥抱人工智能，需要进行深层次的组织和文化变革，金融业人才体系正在逐步被解构，人工智能和金融科技工程师将成为金融业中的紧缺人才。

笔者所供职十余载的上海交通大学海外教育学院是国内最早开展金融类人才培养的专业机构之一，自2003年起，系统地开发了国际银行家课程、银行中层领导力课程、互联网金融课程、金融科技与科技金融课程、房地产金融课程、私募股权总裁课程、保险公估师课程、金融工程师课程及财富管理课程等系列金融专业公开课；并为工行、农行、中行、建行、交行等国有大银行及股份制银行、城商行、农商行提供了大量定制课程。基于对金融行业及其人才体系持续多年的关注，我们发现，无论是历次的金融危机，还是互联网金融的发展，都没有像人工智能技术的应用给金融业带来如此巨大的变化，对金融业人才体系带来如此颠覆性的影响。有感于此，我们决定开始本书的写作，目的是帮助那些正在从事或有志于进入金融和金融科技行业的读者们，系统了解人工智能在金融领域应用的昨天、今天和明天，主动适应人工智能技术的应用所需要的知识结构更新和能力提升要求，更好地将人工智能技术应用在金融服务创新领域，共同推动智能金融的

---

[1] 鲸准研究院：智能投研行业研究报告

发展……

本书共有五章，分为三个层次，其中第一章（金融科技发展盘点）和第二章（人工智能的兴起与发展）是第一个层次，主要介绍金融科技（FinTech）和人工智能兴起的背景和关键技术；第三章（人工智能在金融科技领域的应用一）和第四章（人工智能在金融科技领域的应用二）是第二个层次，集中介绍了智能金融的13大应用场景；第五章（人工智能在金融科技领域的未来展望）和第六章（得人才者得天下）则是本书的第三个层次，对智能金融的未来，特别是对"AI+金融"人才体系的重构与应对进行了深度思考并给出建议。

本书的观点和看法，均为作者个人多年行业观察与思考的成果，不代表所在单位的观点。本书在成文过程中，吸收、借鉴并援引了大量专家、学者及研究机构的观点和研究成果，所引用文字均已标明出处，在此一并表示感谢；限于专业水平，若有错误、纰漏、片面之处，敬请读者朋友们批评指正，不吝赐教。

2019年1月

自 序

人类描述自己的智能,并且用机器或者数学算法来模仿人的智能已经有相当长的时间了。在古希腊、中世纪的意大利、工业革命以后的英国,都有人一直在进行着这个方面的猜想和探索。但是我们不能把这些早期的研究归类为人工智能的开始,因为早期对智能的探索,不但什么都没有做出来,连人工智能的概念也没有提出来。今天大家讨论得热火朝天的人工智能的起源,要从1956年的达特茅斯学院夏季研讨会开始算起。为了这次研讨会,约翰·麦卡锡提早一年就完成了那篇著名的研究计划,四处找资助,最后还是洛克菲勒家族给了钱,才让达特茅斯学院夏季研讨会如期进行。真的是"钱不是万能的,没有钱万万不能"。

约翰·麦卡锡起草的那篇著名的研究计划中有一段话是这样写的："研究旨在这样的猜想基础上进行，智能的学习或其他任何特征的所有方面原则上可被精确描述，以致可被机器模拟。这项研究将试图发现如何使机器使用语言、形成抽象和概念、求解目前专由人类智能解决的各种问题并予以改进。"伟人就是伟人，不是因为他们的名字伟大，而是因为他们的预见性。60多年过去了，今天的人们在研究人工智能时，依然沿着约翰·麦卡锡的思路前进。

人工智能作为一种关键共性前沿科学，应用场景几乎涵盖所有行业、生活与工作场景，其任何进步都对人类社会整体发展有着巨大的促进作用，因此十分重要。

人工智能和金融行业有着天然的结合关系，这是由于金融本身是信用中介和信息中介，数据对于金融最为关键，而人工智能在处理复杂数据方面有着超强的本领。最近这些年，在金融领域的讨论中有很多关于金融科技的内容，人工智能在金融科技领域占有核心地位，与其他技术都有融合。本书列举的13个应用场景，是智能金融的主要应用场景，每个场景如果进行细分，还可以有更多的子场景。为什么我们没有沿着技术线路去描述人工智能在金融领域的应用，而是以场景为"线路"，展示各种技术的集成？原因在于我们的首要读者——金融业的从业人员对于人工智能的技术线路不太理解，但是对于金融场景他们了然于心。以读者熟悉的线索，讲述读者不熟悉的知识，对读者便利。

人工智能发展十分迅速，应用场景也十分丰富，并且不断在增加和更新，也许3年以后，这本书中的场景更改了一半，我们这些人还要再"点灯熬油耗心血"修订第二版。与时俱进很累人，但是也总让我们处于追求新发现之中，永远没有枯燥感。

感谢所有领导、老师给我们的指导和帮助！同时也感谢工行、农行、中行、建行四大行给我们安排的调研、讨论会。这些内容对于我们了解人工智能在银行中的应用有着很大的帮助。

2019年3月

推荐序

赵国玉老师邀请我为她与谷来丰老师、邓伦胜老师合著的新书《智能金融：人工智能在金融科技领域的13大应用场景》做序，我欣然应允。一方面，我和谷来丰老师是多年的朋友。最关键的是我曾为赵国玉老师牵头设计的"金融科技与科技金融""金融业数字化转型"等课程的研发及授课有过多次愉快的合作。另一方面，我也很欣赏他们三人在相关领域的研究视角。和他们的最初接触是因为我曾担任会长的香港金融工程师学会与上海交通大学海外教育学院有专业方面的深度合作；后来他们在开发国际银行家课程的时候，我又担任了顾问，多次推荐金融界的资深从业者和研究人员成为他们的师资力量。上海交通大学海外教育学院由于地处国际金融中心上海，现任上海交通大学总经济师、上海交通大学海外教育学院刘牧群院长及团队老师很多曾是金融从业人员，所以，他们开办了大量的金融类高级培训课程，包括国际银行家高级课程、金融工程师、地产金融、风险投资师、私募股权总裁班、国际理财与财富管理、银行中层管理课程、保险公估师课程、互联网金融、人工智能与金融课程、金融科技与科技金融、金融行业数字化转型及证券中层管理课程等，从某种程度上讲，上海交通大学海外教育学院就是一个集金融与实战经验于一体的国内优秀的商学院。很多课程我都会帮忙审阅简章、推荐师资。长期的接触让我很欣赏他们学习新知识的迅速，并且以很快的速度了解行业全貌，理出课程的架构，推出简章后快速迭代。

谷来丰老师喜欢研究新东西，他曾在2015年写的一篇网络文章《硅谷归来》受到读者喜爱。由于业务需要，2018年初他开始进行人工智能和金融科技方面的学习与研究，并且在学院内参与配合国际中心设计了金融科技等课程。

赵国玉老师也是我很欣赏的一位卓越、专业、敬业且专注投入金融科技领域的老师。2017年初她结合"金融科技引领未来"战略，携国内外金融与科技专家团队，在国内院校率先进行了一系列"金融科技与科技金融""金融行业数字化转型""金融科技产业应用""银行业务案例分析"等相关的课程设计开发与实施，并创造上海交通大学海外教育学院15年以来金融科技与创新课程最佳业绩。她曾被中国农业银行等国有金融机构作为首选合作人选。赵国玉老师不仅是上海交通大学海外金融科技产业应用研究院副秘书长，又是上海交通大学海外教育学院国际教育中心的主任，也是新西兰著名的奥塔哥大学工商管理博士班的2016级首期学生及副班长。她连续多年承接了国有银行及其他金融机构的教育培训项目，累计培养了中国农业银行的中层以上干部达2500多人。她曾组织各级行长同学做每个班级的分享汇报，创建小组PK教学新模式，对数百名金融业中层干部进行专业访谈，收集了国有大型银行及商业银行在数字化转型过程中的第一手资料。在国玉老师的很多项目中，我也是核心导师之一。

《智能金融：人工智能在金融科技领域的13大应用场景》专著，就是受到听课学员的启发，为银行在数字化转型过程中如何使用人工智能技术专门做的一本工具书。同时也是作者团队的研究成果。

本书首先将金融科技这个技术集成进行了整体概括，然后就聚焦机器视觉、自然语言处理、人机交互、大数据深度学习、机器人这五个技术维度形成的13个典型场景中，包括智能营销、智能投顾、智能客服、智能交易等。总体来说，这本书相当聚焦，是一本非常好的工具书。

中国目前走在世界人工智能研究和实践的前列，如果抓住这个机遇，中国就会在新一轮战略竞争中胜出。《智能金融：人工智能在金融科技领域的13大应用场景》从实践角度，给以银行为代表的中国金融业很多启示。很多案例、经验，对银行更大范围地采用人工智能、提高效益和顾客满意度很有帮助，也为银行数字化转型提供了大量可借鉴的经验。

何佳

2019年7月

美国宾夕法尼亚大学沃顿商学院金融财务博士

美国休斯顿大学终身教授

南方科技大学教授

清华大学双聘教授、博导

上海交通大学教授、博导

第一章 金融科技（FinTech）发展盘点

FinTech 是 Finance 和 Technology 的合成词，中文译为"金融科技"。作为一种交叉技术和新兴产业，驱动金融科技（FinTech）快速发展的核心要素包括了人工智能、区块链、云计算、大数据和互联网等五大要素。相应的，金融科技（FinTech）的主要参与者包括了传统金融机构、新兴金融科技公司、互联网巨头和监管机构等。

第一节 金融科技（FinTech）的兴起与发展

近年来，科技与行业的结合催生出了一系列新的复合词，比如教育科技（EduTech）、保险科技（InsurTech）、监管科技（RegTech）等，而金融科技（FinTech）则是其中发展最为迅猛、点击率最为高频者之一。

一、金融科技（FinTech）的兴起

维基百科将金融科技（FinTech）定义为由一群通过科技让金融更高效的企业构建的经济产业和技术集成。[1] 这个定义虽然来自并不学术化的网上资料，但是我们采纳这个定义的原因是，该定义很好地揭示了金融科技的二重性：金融科技既是从事金融运作的经济产业，又是各类高新技术的集成。

在国际层面，金融稳定理事会（FSB）作为全球金融治理的核心机构，在2016年3月首次发布的金融科技专题报告中，将金融科技（FinTech）初步定义为由技术带来的金融创新，它能创造新的业务模式、应用、流程或产品，从而对金融市场、金融机构或金融服务的提供方式造成重大影响。[2] 这个定义虽然有些晦涩，但是更加强调金融科技应用的范畴包括了业务模式、应用、流程或产品。本书对于金融科技均采用此定义。

关于金融科技（FinTech）概念的起源，目前产业界和学术界尚无统一的说法。有学者从词源组合和语义分析的角度指出 FinTech 来源于 20 世纪 90 年代花旗银行在美国发起的一个发展项目"金融服务技术联

1　https://en.wikipedia.org/wiki/Financial_technology
2　廖岷等.科技金融发展的国际经验和中国政策取向[M].北京：中国金融出版社，2017：1.

盟"（Financial Services Technology Consortium），后被简称为Financial Technology，即FinTech[1]。

需要注意的是，金融科技（FinTech）和科技金融（Technology Finance）是完全不同的两个概念。我们经常见到一些很著名的人物也把这两个概念搞混，以为两个概念就如同"互联网＋"和"＋互联网"这样的区别，这是大错特错。科技金融（Technology Finance）这个词被学者"提前占用"了，它通常是指科技创业机构通过政策和金融工具获得金融支持的几种操作方法，比如说一个基因检测技术公司，通过政府资助补贴、银行科技贷款、担保、租赁、保险等，获得更多的钱，这个过程就是科技金融。本书的重点不是研究科技金融，如果读者想了解科技金融，可以去了解一下硅谷银行的模式。

二、金融科技（FinTech）的发展演进

尽管金融科技（FinTech）概念的出现只有不到30年的时间，但是，科技与金融结合并推动金融不断创新发展，却已经历了一个漫长的过程。国内外不少学者和研究机构都对科技发展推动金融行业变革的历

---

1 吕雯、杨鑫杰：一文读懂FinTech的定义及相关概念，https://www.jrzj.com/171672.html

史进行了梳理和总结，比如：Arner、Barberis和Buckley认为，1866年—1986年是金融科技1.0时代，以电报电话为代表的技术促进了金融全球化；1987年—2008年是金融科技2.0时代，电子化技术为金融机构广泛应用，金融服务效率大幅提高；2009年至今是金融科技3.0时代，以信息技术，特别是移动通信技术与金融服务的联姻为标志[1]。

  国内学者谢平、邹传伟等也对金融科技发展历程做出了类似的划分。他们认为：从1866年到1967年是信息革命时代，电报、电话、广播等信息技术作为通信工具出现，逐渐取代了传统通信方式，极大地促进了金融业的发展，此阶段称之为FinTech1.0。从1967年到2008年，随着数字技术的不断发展，金融逐渐从模拟工业转化为数字产业，这个时期的FinTech主业由传统金融机构来主导，它们利用科技提供金融产品服务，这一阶段称之为FinTech2.0，其开始的标志是1967年计算器和ATM的出现。2008年国际金融危机之后，新兴科技（大数据、云计算、人工智能和区块链等）的进步将数字革命、通信革命和金融革命结合起来，给金融创新提供了新动力，从商业模式、业务模式、运作模式全面变革金融业，掀起了金融业新一轮的创新浪潮。此时，互联网巨头和金融科技初创公司强势崛起，传统金融机构主导优势渐

---

1 廖岷等.科技金融发展的国际经验和中国政策取向[M].北京：中国金融出版社，2017：1.

失，两者从竞争颠覆中走向协同合作，金融服务的边界日益模糊，此阶段称之为FinTech3.0[1]。

达沃斯世界经济论坛全球金融体系理事会也将全球金融科技发展分为三个阶段，其中2008年国际金融危机前为起步阶段；2008年—2016年为快速发展阶段，主要是由于移动互联技术的普遍使用推动；2016年开始的未来几十年则为长期挑战和影响阶段，金融科技（FinTech）将会重塑客户行为、商业模式和金融服务业的结构[2]。

也有学者和研究机构进一步从互联网金融到金融科技（FinTech）发展演进的维度对金融科技（FinTech）的发展进行了梳理。比如：宜人智库在系统梳理我国互联网金融到数据金融产业发展演进的基础上，将金融科技（FinTech）的发展划分为三个阶段，即从20世纪70年代中后期开始为金融信息化起步阶段，这一阶段以早期的计算机及局域网络为主，计算机逐步代替手工操作，并实现全流程的电子化；从20世纪90年代中后期开始进入互联网金融阶段，这一阶段互联网开始在全球兴起，金融信息化、互联网金融的时代随之到来，主要体现为渠道信息化；从2010年后则开始进入到数据金融、机器辅助决策阶段，这一阶段随着移动互联网时代的到来，推动了大数据、云计算技术的迅

1　谢平、邹传伟主编: FinTech,解码金融与科技的融合[M]北京: 中国金融出版社，2017 : 7-9.
2　廖岷等.科技金融发展的国际经验和中国政策取向[M].北京: 中国金融出版社，2017 : 1.

速铺开，此时，信息技术正在逐步渗透到金融业务核心部门，机器成为金融决策的重要辅助，而距离机器实现绝大部分自主决策的智慧金融阶段也为之不远[1]。

又如，巴曙松在2017年亚洲金融论坛上发表的演讲中，同样把金融科技（FinTech）的发展划分为三个阶段：第一个阶段是金融IT阶段，或者说是金融科技1.0阶段。在这个阶段，金融行业通过传统IT的软硬件的应用来实现办公和业务的电子化、自动化，从而提高业务效率。这时候IT公司通常并没有直接参与公司的业务环节，IT系统在金融体系内部是一个很典型的成本部门，现在银行等机构中还经常会讨论的核心系统、信贷系统、清算系统等，就是这个阶段的代表。第二个阶段为互联网金融阶段，或者叫金融科技2.0阶段。在这个阶段，主要是金融业搭建在线业务平台，利用互联网或者移动终端的渠道来汇集海量的用户和信息，实现金融业务中的资产端、交易端、支付端、资金端的任意组合的互联互通，本质上是对传统金融渠道的变革，实现信息共享和业务融合，其中最具代表性的包括互联网的基金销售、P2P网络借贷、互联网保险。第三个阶段是金融科技阶段，或者叫金融科技3.0阶段。在这个阶段，金融业通过大数据、云计算、人工智能、区块

1　宜人智库：FinTech+赋能科技向未来

链这些新的IT技术来改变传统的金融信息采集来源、风险定价模型、投资决策过程、信用中介角色，因此可以大幅提升传统金融的效率，解决传统金融的痛点，代表技术就是大数据征信、智能投顾、供应链金融[1]。

综合分析上述专家学者的观点，结合笔者多年来对科技与金融的融合，在互联网金融发展研究的基础上[2]，笔者认为金融科技（FinTech）发展到现在，按照基础技术与金融的融合变迁，可以划分为三个阶段：其中2013年以前是FinTech1.0阶段，这一阶段的主导者是传统金融机构，IT技术还只是用于提升金融机构办公和服务效率，并没有参与到金融业务本身环节，本阶段的发展特征可以概括为"IT+金融"阶段；2013—2018年是FinTech2.0阶段，这一阶段可以概括为"互联网+金融"阶段，最典型的特征是互联网金融中的P2P和众筹项目从野蛮增长到严格监管。互联网金融被定义为传统金融机构与互联网利用互联网技术和信息通信技术实现资金融通、支付、投资和信息中介服务的新型金融业务模式[3]。从本质上来说，互联网金融是对传统金融

1　巴曙松：2017年1月17日在亚洲金融论坛上的《中国金融科技发展现状与趋势》主题演讲，http://www.sohu.com/a/124756229_509997
2　2015年9月，笔者主持编著的《互联网金融》一书，由上海交通大学出版社出版发行。
3　谢平、邹传伟主编: FinTech,解码金融与科技的融合[M]北京：中国金融出版社，2017：7-9.

渠道的变革和拓宽,并没有改变金融的本质。从2018年起,进入了FinTech3.0阶段,这一阶段的典型趋势是智慧金融逐渐成为可能,其核心是以人工智能技术的广泛应用为代表,尝试重构金融业务体系、商业模式和风险防控体系,传统金融机构与金融科技公司间逐渐走向深度融合,从而大大提升金融服务效率,推动了普惠金融发展,因此可以暂时概括为"AI+金融"阶段[1]。

目前来看,我们所处的FinTech3.0阶段可能会持续十年甚至更长的时间,其发展周期取决于技术自身的发展、传统金融机构与金融科技公司的融合和金融科技人才的培育等三方面的因素。一是人工智能、云计算、大数据和区块链等技术自身的发展能否实现快速突破,比如人工智能是否真的能够实现自我学习(无监督学习)?二是传统金融机构与金融科技公司间的边界日益模糊,传统金融机构无论是在自主开发、技术合作还是并购上,都已展示出传统金融机构对于技术创新的主动适应,而科技公司由于政策和监管,也需要与持牌机构进行合作才能够开展金融业务。双方能否实现深度融合,这是二者在未来将面临的问题。三是金融科技人才的培育相对滞后,目前在国内高校本科教育中,仅上海立信会计学院于2018年3月获教育部批准,可开设金

---

1 本书研究的出发点为FinTech3.0阶段。

融科技专业[1]，其他高校本科阶段尚未开设金融科技专业，相关领域的专业人才培养也将在一定程度上制约金融科技的发展。上海交通大学海外学院在这个方面走在前列，如在过去的2018年，该校仅为中国农业银行总行就培养了1000多名金融科技人才，2019年将有另外1000名金融从业人员接受培训；同时，该校为建设银行、平安银行、交通银行、工商银行、兴业证券等大型金融机构安排的金融科技培训内容也非常多，并且取得了良好的效果。

第二节 金融科技（FinTech）ABCDI 五大要素

从技术集成的角度考虑，很多专家都认为金融科技核心的驱动技术包括ABCD，即：AI（人工智能）、Blockchain（区块链）、Cloud Computing（云计算）和Big Data（大数据）。我们在综合各家观点和前期开展的互联网金融研究的基础上，认为驱动金融科技（FinTech）的核心要素还应包括互联网（Internet），联合前面四种技术总结为ABCDI五大要素。

增加互联网金融，并不是让互联网金融穿上金融科技的马甲合理

---

[1] 人民网：国内首个金融科技专业获批，http://sh.people.com.cn/n2/2018/0323/c176739-31377953.html

化，而是认为互联网金融本就应该成为金融科技的一部分。第一，我们在国外做过很多考察，英国、新加坡、瑞士的学者从来没有把互联网金融从金融科技中划分出去；第二，我们在国内对银行做调研时，每次谈及金融科技，银行或者证券公司的资深经理总是举支付工具、线上存贷App与ABCD相结合的例子。所以金融科技的家族中，没有互联网金融是不行的。

一、金融云的快速部署

基于云的软件的兴起为各行各业的公司带来了诸多好处。即使是个人使用，Google Drive或Dropbox等平台也变得非常受欢迎。使用来自任何设备的软件，无论是通过本机应用程序还是来自任何位置的浏览器，现在都是无缝链接。由于云技术的发展，在所有主要行业中，银行业一直是最受益的行业之一。云计算在金融科技（FinTech）领域的一些知名企业有：

1. 亚马逊网络服务
2. 谷歌虚拟云
3. Microsoft Azure
4. 阿里云
5. IBM Bluemix

（一）什么是云计算？

云计算，听起来像黑科技，其实并没有那么难懂。简单来说，云计算就是通过互联网存储、访问、处理数据和程序，而不是通过计算机的硬盘驱动器。"云"只是互联网的一个隐喻。它是一种混合技术，可通过互联网计算服务器、软件、网络、存储、数据库、分析等各种服务。云计算是通过互联网（"云"）提供计算服务——服务器、存储、数据库、网络、软件、分析等。提供这些计算服务的公司称为云提供商，通常根据使用情况收取云计算服务的费用，类似于您在家中支付水费或电费的方式。云服务通过互联网按需提供，并按现收现付价格收费。

云计算已成为与任何信息相关的所有问题的一站式解决方案。在银行和金融方面，部门云计算使互操作性、安全存储、24×7正常运行时间等方面变得更加容易。信息技术领域的这种进步导致了信息处理方式的许多重大变化。许多新技术，如大数据、机器学习、人工智能及物联网等，都不必使用传统的信息存储方式，而是通过互联网直接存储和操作信息。根据福布斯的预测，云计算的价值预计将从2015年的67亿美元增长到2020年的162亿美元，确保复合年增长率（CAGR）达到19%。

(二)云计算的三种类型

云计算有三种主要类型,通常称为基础设施即服务(IaaS),平台即服务(PaaS)和软件即服务(SaaS)。这些有时被称为云计算堆栈,因为它们构建在彼此之上。

1.软件即服务(SaaS)

软件即服务(SaaS)是一种通过因特网,按需提供软件应用程序的方法,通常是在订阅的基础上提供。SaaS为您提供由服务提供商运行和管理的完整产品。在大多数情况下,引用软件即服务的人指的是最终用户应用程序。SaaS许可证通常通过按需付费模式提供。

SaaS应用程序的一个常见示例是基于Web的电子邮件,您可以在其中发送和接收电子邮件,而无需管理电子邮件产品的功能添加或维护运行电子邮件程序的服务器和操作系统。SaaS现在很流行,企业可以使用此模型提供大量的服务,如会计、企业资源规划(ERP)、客户关系管理(CRM)、人力资源管理、发票、服务台管理和内容管理软件等。

2.基础设施即服务(IaaS)

IaaS是云IT的基本构建块,通常提供对网络功能,计算机(虚拟或专用硬件)和数据存储空间的访问。通过IaaS,您可以基于IP的连接租用IT基础架构服务器和虚拟机(VM)、存储、网络、操作系统,作为按需服务的一部分。

3.平台即服务（PaaS）

PaaS是云计算服务，为开发、测试、交付和管理软件应用程序提供按需环境。PaaS消除了组织管理底层基础架构（通常是硬件和操作系统）的需要，使您可以专注于应用程序的部署和管理。

在三层基于云的计算中，PaaS被认为是最复杂的。PaaS与SaaS有一些相似之处，二者的主要区别在于，PaaS不是在线交付软件，而是一个创建通过互联网提供的软件的平台。

（三）金融云的应用

1.云计算提高了行业效率。云技术的使用是银行和金融部门的另一个优势。数字化服务将使银行和金融机构建立基础设施，为客户提供最佳和适当的服务。

2.数据中心通常会经历黑客地攻击，这些攻击会导致银行中非常重要的信息丢失。通过云计算，银行系统可以在数据中心中通过各种验证，消除此类攻击。使用混合云计算技术存储的每个数据都是安全的。例如，亚马逊网络服务和微软的Azure是为这些公司提供混合云计算服务器的云提供商。获得混合云计算服务器可为存储在云中的信息提供端到端保护。云计算通过互联网确保信息的机密性、完整性和可用性。

3.云计算可确保银行的交易安全和顺畅的客户体验。借助网络应用程序托管互联网可确保为用户提供更好的服务和更快的交易速度。支付网关、数字钱包、在线资金转账和安全在线支付是云计算服务的最佳范例。云可确保安全、统一的客户体验。通过云计算更新付款非常容易。

4.企业资源规划（ERP）和客户关系（CRM）软件是最受欢迎的云计算软件。该软件允许银行和金融机构保护数据，并为客户提供更好的支持。该软件还允许用户远程访问信息。

5.云计算在银行中的应用前景广阔。首先，云计算为银行提供了直接与其用户建立联系的机会。数字服务可以通过云计算随时随地维护客户关系。在互联网的帮助下，银行和消费者对信息的存储，管理和访问等许多服务变得更加容易。云计算是一种简单的技术，可以部署和集成银行系统的所有服务，从而减少用户的时间和精力。其次，云计算的发展使银行能够更专注于以客户为中心的模式，并将交易和财富数字化。云计算在服务的各个方面与客户建立了多渠道关系，它有助于存储、备份和恢复公司的大量数据。通过云计算技术，不仅可以实现存储数据、提供软件、传输数据、更新和恢复数据等各种服务，还可以通过整合经济高效的云解决方案来增加银行的营业额。再次，云计算正在改变消费者与银行互动的方式。银行业需要满足不断增长的数据输入需求，需要探索不依赖于系统迁移的系统，以便在不中断的情况下修改基础架构。由于对可靠性、监管和安全风险存在担忧，银行在采用云计算方面进展缓慢。但慢慢地，云计算正在改变消费者与银行互动的方式。金融科技（FinTech）降低了CAPEX（资金和固定资产投入）和OPEX（运营投入）预算，增加了服务组合和用户体验。最后，云计算最重要的方面是减少与数据中心及其基础设施相关的风险因素。使用云计算服务后，机密数据将完全受到保护。它还有助于业务风险分析，因此主要关注的是业务而非保护关键信息。

（四）金融云的优势与应用价值

1.经济性，有效降本增效。云计算降低了在数据中心购买和设置硬件及软件的所有资本支出，这使得金融机构更加关注金融服务业务。

2.可靠性，有效保障金融机构服务运行。云计算为信息提供完整的数据备份，还可以非常轻松地在多个冗余站点访问数据，也可以通过数据多副本容错、计算节点同构可互换等措施，有效保障金融企业服务的可靠性，而混合云模型则为数据提供了最大的安全性。

3.实用性，运维自动化大大提高工作效率。一方面，云计算消除了金融机构数据存储和堆叠的所有不必要时间，从而提高了工作效率。

未来，金融业中与信息相关的每项任务都将由软件通过云计算来处理。另一方面，云计算操作系统通过统一的平台管理金融企业内的服务器、存储和网络设备。通过设备的集中管控，可以显著提升企业对IT设备的管理能力，有助于实现精益管理。此外，通过标签技术可以精准定位出现故障的物理设备，再通过现场设备更换就可以快速排除故障。在传统金融架构下，若设备发生故障，企业几乎每次都需要联系厂家进行维修，缺少自主维护能力，而标签技术则可以解决这一问题。

二、区块链为金融业带来深刻变革

（一）什么是区块链？

1.区块链的起源。2008年，一个化名中本聪（Satoshi Nakamoto）的人公开发表了一篇论文——《比特币：一个点对点数字货币系统》（Bitcoin：A Peer-to-Peer Electronic Cash System），区块链和数字货币出现。

中本聪的论文讲的是怎样建立一个没有主权信用背书的电子货币，这篇论文当时在互联网上散布，得到技术社区非常多人的关注。有60个程序员读了这篇论文之后，就动手写代码，写成软件放在社区里面分发，比特币就这样诞生了。区块链其实是比特币背后的技术。

到了2017年下半年，比特币系统已运行了9年，非常稳定和安全，从来没出现过宕机现象。这个系统这么多年从来没有休息过，比特币的公有链上也没有出现过被盗的情况。所以它是一个非常安全非常稳定的系统，这个系统已经足以证明其背后区块链技术的可靠性。2018年比特币经过一轮疯狂的炒作以后，从每个币2万多美元，跌到了5000美元以下，一些炒币者曾经大呼上当。如今，比特币价格又慢慢恢复上去了，说明比特币背后的数字加密货币的神话基础依然牢固。判断一种金融资产是否有价值有三个基本方面，第一是有交易的流动性，第二是获得这个资产要付出成本，第三是有一定数量的人相信它的价值。比特币具备以上全部特征。经过几轮涨跌，越来越多的人关注区块链技术，区块链才逐渐从幕后走到台前。

区块链是比特币的底层技术，是在公共或私人计算网络上共享的分布式账本或数据库。网络中的每个节点上都储存着账本的副本，因此可以避免单点故障造成的损失。每条信息都经过数学加密，并作为新的"块"被添加到原有的"链"中。新的"块"要让其他参与者通过多种共识协议加以验证后，才能被添加到"链"中。这样就无需中心化机构，也可以实现防止欺诈或重复计数。账本还可以通过"智能合约"进行编程，在区块链上记录一组条件，当条件满足时就自动触发交易。

在中国，区块链还处于早期发展阶段，大多数人只是闻其名而不知其实。从用户感知层面来看，区块链与云计算类似，都是用户很难理解并感受到的。

大家都知道在比特币里面有挖矿的概念，其实挖矿就是记账，记账的目的就是把每一笔交易做公证，记录下来。如果你抢到这个交易的作证资格，你就可以获得一个比特币，或者零点几个比特币。在某一个节点记账之后，它就会把这个节点公布到其他所有节点上。从步骤上来讲，当有一个交易发生的时候，这个新的交易就会把交易的需求广播到所有节点，这样所有的节点都知道有一个交易正在发生。

在比特币的区块里面可以有几亿个节点。某个节点把这个交易收集到区块之中，不断生成一个随机字符串（哈希值），那么在这个系统里面就有一个指定的随机数，与这个答案去匹配。所有的节点都在计算这个哈希值，直到有一个节点计算出的哈希值和指定的规律是匹配的，那么计算出这个正确的哈希值的节点就开始把"我已经找到节点"的消息广播到其他节点，这样其他节点知道了有一个节点已经把结果算出来了，它已经胜出了，所有节点就会停止计算这个哈希值，那就相当于这个节点抢到了这个记账的权利。

2.区块链的特点。区块链具有去中心化、时序数据、集体维护、可编程、不可篡改和加密等特点。

去中心化：区块链数据的验证、记账、存储、维护和传输等过程均是基于分布式系统结构，采用纯数学方法而不是中心机构来建立分布式节点间的信任关系，从而形成去中心化的可信任的分布式系统；

时序数据：区块链采用带有时间戳的链式区块结构存储数据，从而为数据增加了时间维度，具有极强的可验证性和可追溯性；

集体维护：区块链系统采用特定的经济激励机制来保证分布式系统中所有节点均可参与数据区块的验证过程，并通过共识算法来选择特定的节点将新区块添加到区块链；

可编程：区块链技术可提供灵活的脚本代码系统，支持用户创建高级的智能合约、货币或其他去中心化应用；

不可篡改：凡是懂会计的人都知道什么是复式记账法。简单来说，复式记账法就是，假如你的公司有一笔收入的话，另外一边就一定有一个支出，在支出那边有个账本，在收入这边也有个账本。通过这两个账本对比是可以发现造假的，当然如果两边串通起来也是可以造假的。而在比特币交易中，区块链的节点众多，全球一共有3亿台4G赫兹的电脑在运行，你很难把50%的节点买通，进行交易造假；

加密：Hash，一般翻译做"散列"，也有直接音译为"哈希"的，就是把任意长度的输入（又叫预映射 pre-image）通过散列算法变换成固定长度的输出，该输出就是散列值，也叫哈希值。简单的说就是一种将任意长度的消息压缩成某一固定长度的消息摘要的函数。假设一个网站被攻破,黑客获得了哈希值,但只有哈希值还不能登录网站,他必须算出相应的账号密码。计算密码的工作量是非常庞大且繁琐的,严格来讲,密码是有可能被破译的,但破译成本太高,被成功破译的几率很小,所以基本是不用担心密码泄露的。

(二)区块链的两种主张和三种形态

目前,区块链可以分为两种主张和三种形态,分别是:

1.完全去中心化: 区块链上的验证机可以任意加入,不受限制。每台验证机享有平等的权利,参与全网的工作验证和收益获得的分配。其主要特点是机机平等、所有节点平等、人人平等。优点就是保证公平,其缺点则是无法保证效率。比特币、以太坊是公有链的常见技术表现形态。完全去中心化的目标是绝对的自由、绝对的隐私。但从现实来看,这只是一个理想、一个目标。纯粹的自由不一定好,全民的选择也不一定是最优的。而有效或有限去中心化是牺牲一部分绝对自由平等来获取一定的益处。比如不用那么多挖矿机,既可以节约成本,也可以避免挖矿的能源浪费;比如可以从一个行业开始,首先做到行业内互联,其次扩大到各行业互联,最后做到万物互联,其循序渐进的节奏更具有商业可行性;比如还可以用选择性的决策来避免群体性的失误等。

2. 有效或有限去中心化：区块链上的验证机受管理机构的限制，只有通过授权的节点才能加入。授权后的节点享有同样的权益。其主要特点是以相对的平等换取一定的效率。其优点是效率较高、更易商业化，其缺点则是不能保证绝对的公平。技术表现形态多为私有链、联盟链。

随着区块链技术的发展，出现了不同的区块链技术形态：私有链、公链、联盟链。

（三）区块链在金融科技（FinTech）领域的应用

1. 区块链发票

2018年8月10日，深圳国贸旋转餐厅的员工开出了全国第一张基于区块链技术的电子发票。这是腾讯基于区块链技术的又一个场景落地，由FIT（支付基础平台与金融应用线）主导，提供底层技术和能力。

传统发票带给我们的糟糕体验被诟病已久——在完成交易后，我们需等待商家开票并填写报销单，然后经过公司内部繁琐的报销流程后才能拿到报销款。商户的体验也好不到哪去——传统发票在消费者结账后需安排专人开票，高峰期排长队拉低翻桌率，开票慢、开错票等情况又容易引发冲突，影响消费体验和口碑。

区块链电子发票将流程全部线上化，并经由微信这一超级入口把消费者的使用门槛降到最低：消费者结账后通过微信一键申请开票、存储、报销，这时候发票信息会同步至企业和税局，我们也可以实时查看报销状态，"交易即开票，开票即报销"。商户则可以利用电子发票大大节省开票成本，提高店面效率，优化消费者体验。

其中，区块链技术又使得电子发票具备了全流程完整追溯、信息不可篡改等特性，与发票逻辑吻合，能够有效规避假发票，完善发票监管流程。

2. 跨境支付

2018年6月25日，蚂蚁金服宣布渣打银行成为其核心伙伴银行，支援其以区块链技术为基础的跨境汇款服务。中国香港AlipayHK及菲律宾持牌电子钱包GCash将率先分别在中国香港和菲律宾推出该服务。

渣打银行将为AlipayHK及GCash提供结算服务，并提供即时外汇汇率，保持流动性，以支援两个持牌电子钱包之间的即时款项转账，让客户以优惠的汇率和相宜的交易费，数秒间完成中国香港和菲律宾两地之间的汇款。AlipayHK用户只需要在电子钱包内做几步简单操作，款项就会在数秒内转达GCash用户的电子钱包内。在服务试行的前三个月内，还可享受免收手续费。资料显示，菲律宾2017年是全球第三大接收汇款的市场，金额高达330亿美元，汇款服务对菲律宾家庭来说非常重要。

3．区块链开放平台

腾讯公司在自主创新的基础上，打造了提供企业级服务的"腾讯区块链"解决方案。基于"开放分享"的理念，腾讯将搭建区块链基础设施，并开放内部能力，与全国企业共享，共同推动可信互联网的发展，打造区块链的共赢生态。腾讯可信区块链旨在为行业伙伴提供企业级区块链基础设施、行业解决方案，以及安全、可靠、灵活的区块链云服务。通过高性能的区块链服务，在实现安全可靠的交易对接的前提下，通过可视化的数据管理手段，有效降低企业运营综合成本，提高运营效率。在这个平台上，可以有多重应用，如服务应用可以有数字票据、数字黄金、机构清算、数字资产、鉴证服务等。

4．交易和清算

谈到区块链创业，有两个最典型的公司不得不提，一个是R3，一个叫DAH。这两个都是美国的公司。简单打个比喻来说，DAH做的是一个银行机构内部的交易和清算，比如说工商银行从总行到分行到支行的交易和清算，以及ATM的交易和清算。这个技术如果能够广泛应用的话，有可能颠覆现在IBM、微软和惠普这些公司给银行提供的中心化的交易系统。所以现在也有像IBM、微软这样的大公司开始参与到区块链的领域里来。R3做的更多的是银行和银行之间、银行和券商之间的交易和清算。R3原来的梦想是取代国际交易清算组织SWIFT。

5. 智能合约

任何一个买卖行为都有一个用纸质的东西写下来的合同或者合约。其实纸质的合同存在问题,第一是因为有时候不同人对同一句话的理解可能是不一样的,这个取决于起草合同的水平。另外一个原因是当有人违约了,违约责任的执行是非常困难的,所以经常有人因为合同纠纷打官司。打官司是一个沉重的负担,耗时耗力,还有可能让没有信用的人钻了空子。智能合约恰好能解决这个问题,它相当于把合约的所有条款都用编程语言写下来,一旦用编程语言下来,就是非常精准的,不存在歧义。另外就是一旦合约写下来,就像一个应用程序一样,一点"开始执行"就会一直执行下去,永远都不会被终止,包括违约了之后也会坚决地执行下去。智能合约在金融的交易方面比较有意义有价值,因为金融的资产天然就是线上的。而传统的交易可能会涉及到很多线下的环节,这是没有办法把它转换到线上的,所以此时智能合约真正违约执行的部分很难在线上执行。

6. 数字货币

目前区块链技术最广泛、最成功的运用是以比特币为代表的数字货币。近年来数字货币发展很快,由于去中心化信用和频繁交易的特点，使其具有较高交易流通价值，并能够通过开发对冲性金融衍生品作为准超主权货币，保持相对稳定的价格。数字货币建立了主权货币背书下的数字货币交易信用，交易量越大，交易越频繁，数字货币交易信用基础越牢固。一旦在全球范围实现了区块链信用体系，数字货币将成为类黄金的全球通用支付信用。

7．权益证明

区块链每个参与维护的节点都能获得一份完整的数据记录，利用区块链可靠和集体维护的特点，可对权益的所有者确权。对于存储永久性记录的需求，区块链是理想解决方案，适用于土地所有权、股权交易等场景。其中股权证明是目前尝试应用最多的领域，股权所有者凭借私钥，可证明对该股权的所有权，股权转让时通过区块链系统转让给下家，产权明晰，记录明确。整个过程无需第三方的参与。在伦敦举办的2015年欧洲卓越贸易技术金融新闻奖的主题演讲中，纳斯达克首席执行官Bob Greifeld宣布，该交易所打算使用区块链技术管理代理投票系统。代理投票本来是由一家上市交易所使用的一项重要而又费时的操作，区块链技术的应用可以让股东们不必出席公司周年大会而用自己的手机就能投票，并且永远保存投票记录。区块链技术被视为股权交易领域能够在更短时间内确保透明交易的先进技术。

8. 银行征信

目前，商业银行信贷业务的开展，无论是针对企业还是个人，最基础的考量是借款主体本身所具备的金融信用。各家银行将每个借款主体的还款情况上传至央行的征信中心，需要查询时，在客户授权的前提下，再从央行征信中心下载参考。这其中存在信息不完整、数据不准确、使用效率低、使用成本高等问题。在这一领域，区块链的优势在于依靠程序算法自动记录海量信息，并存储在区块链网络的每一台计算机上，信息透明、篡改难度高、使用成本低。各商业银行以加密的形式存储并共享客户在本机构的信用状况，在客户申请贷款时不必再到央行申请查询征信。这就是去中心化，贷款机构通过调取区块链的相应信息数据即可完成全部征信工作。

总之，区块链已经成为金融业创新的热点之一。但是，作为新生技术，区块链同样也存在着相当大的风险。目前基于区块链技术的结算体系对监管风险非常敏感，如果参与者担心监管政策的不确定性，可能会导致支付体系因不稳定而崩溃。另外，由于其运营权由开发商掌握，显而易见的技术缺点在于，如果运营商本身掌握全网51%以上的算力，就能够实现双重支付，也会导致信任崩溃。这也是区块链技术在应用过程中需要解决的重要课题。

（四）区块链在金融科技（FinTech）领域的应用价值

1. 重构信用创造机制

区块链技术基于非对称加密算法，实现了信用创造机制的重构：在金融交易系统中，通过算法为人们创造信用，从而达成共识。交易双方无需了解对方基本信息，也无需借助第三方机构的担保，直接进行可信任的价值交换。区块链的技术特性保证了系统内部价值交换过程中的行为记录、传输、存储的结果都是可信的。区块链记录的信息一旦生成将无法篡改，除非占有全网总算力的51%以上才有可能对记录进行修改。

2. 降低金融监管成本

金融行业在防范系统性风险上，需要借助多道审计来控制金融风险，监管成本较高。特别是随着互联网金融等新兴金融服务模式的出现，金融管控的要求逐步提升，监管的难度不断增加，整个金融系统的监管成本越来越高。区块链通过分布式网络结构，将信息储存于全网中的每个节点，单个节点的信息缺失不影响其余节点正常运转。区块链技术，以其防篡改、高透明的特性，保证了每个数据节点内容的真实完整性，实现了系统的可追责性，降低了金融监管的成本。

3. 实现高效低成本的交易模式

区块链通过共识机制替代中心化的信任创造方式，实现任意两个节点在不依赖任何中心平台的情况下进行点对点交易。点对点交易模式无需第三方介入，大幅降低信息传递过程中出现错误的可能性，从而提升信息传输效率。而且，基于区块链技术的点对点交易由计算机程序自动确认执行双方交易结果，即交易确认和清算结算在同一时间完成，大幅度提高了金融交易和结算效率。

4. 实现个人隐私保护

随着金融业务与信息技术的不断融合，用户身份识别和安全认证成为一项重要问题。区块链技术通过基于节点的授权机制，将私密性和匿名性植入到用户控制的隐私权限设计中，只有授权节点才有相应权限查阅和修改有关数据信息。区块链技术对于完善用户个人信息保护制度，保证个人信息、财产状况、信用状况等私密信息安全，具有重要应用价值[1]。

---

[1] 中国信息通信研究院：中国金融科技前沿技术发展趋势及应用场景研究

三、金融大数据广泛应用

（一）什么是大数据？

大数据是一种处理、分析和系统地提取信息，或以其他方式处理过大或过复杂的数据集，以供处理传统数据的应用软件处理方法。有了大数据，不管是数量大还是复杂度高的数据，一旦有办法处理，都可以提供更大的统计功效，并且能够发现更多我们以往没有发现的规律。处理大数据，包括捕获数据、数据存储、数据分析、搜索、共享、传输、可视化、查询、更新等，对于喜欢处理数据的研究者来说，这些都是巨大的挑战。

（二）大数据的四个层次

大数据能够提供数据集成、数据存储、数据计算、数据管理和数据分析等功能，具备随着数据规模扩大进行横向扩展的能力。从功能角度看，大数据技术主要分为数据接入、数据存储、数据计算、数据分析四层，同时具备资源管理功能。

1.数据采集。负责数据的采集、传输工作。大规模的数据经过数据采集步骤后，才能够进入大数据平台，从而进行后续处理。

2.数据存储。负责大规模数据的存储工作。主要利用分布式和多副本策略保证TB、PB量级的数据安全有效地进行存储，从而为数据分析提供底层支持。

3.数据计算。负责大规模数据的计算工作。利用分布式和规范化的编程框架，将单机难以处理的数据分散到多台机器上进行分析处理，从而使大规模数据挖掘成为可能。

4.数据分析。负责大规模数据的业务应用。与具体业务场景相结合，通过统计分析、深度学习等上层数据应用技术，将大数据转化为有价值的信息，实现业务增值。

5.资源管理。负责大数据平台的资源管理工作。利用调度队列，实时监测等机制，及时发现大数据平台中的服务器健康状况并自动化调度，保证集群工作质量[1]。

（三）金融大数据的应用

在金融领域，尤其是金融服务行业，大数据正在越来越多的应用中得到运用，例如：员工监督和监督预测模型，如保险承保人可用于设定保费和贷款人员做出贷款决策的模型；开发算法来预测金融市场的方向；定价房地产等非流动资产等。

---

[1] 中国信息通信研究院：中国金融科技前沿技术发展趋势及应用场景研究

具体应用如下：

1. 汽车保险

早在20世纪80年代，Progressive Insurance 的创始人就期待着可以收集和分析个人保单持有人驾驶习惯的硬数据。这将为保险公司提供更准确的风险测量和风险评估，从而更精确地设置保费。到2010年，市场上已经有了必要的数据采集技术。现在有超过100万的客户同意在他们的汽车中安装黑匣子以采集数据，例如他们通常驾驶的速度和他们通常突然制动的速度。

2. 消费者信贷

LendUp 补充了传统的 FICO 信用评级和来自各种其他来源的社交网络分析，以便做出贷款决策。例如，LendUp 有兴趣知道潜在的借款人是否经常更改手机号码，这可能表明其借贷风险很大。该公司还认为，人们如何与网上朋友互动，为他们作为借款人的风险评估提供了强有力的线索。那些表现出最强和最活跃的社会关系和社区关系的人似乎是最好的风险判断因素。因此，潜在的借款人被要求将他们的 Facebook 账户提供给公司进行分析。

与此同时，由于大数据风险分析的用处日益得到证实，信用卡巨头 CapitalOne 在20世纪90年代成为了大数据"玩家"。这家公司主要是通过使用先进的数据收集和分析技术来识别持卡人今后的财富变化，从而在许多更成熟的信贷市场中"偷"得先机。

3. 小企业贷款

Kabbage 是一家在 FinTech 著名企业榜上有名的公司。这家公司是典型的雇员少、技术高的技术驱动的公司，其预测模型利用社交媒体、eBay 和 UPS 等各种来源来评估潜在借款人与其客户之间的关系质量，从而能大批量处理小企业贷款，将风险控制得很好。

4. 作物保险

气候公司是一家专门吃天气饭的大数据公司，为农民承保农作物保险。该公司进行了大量的模拟，以预测长期天气模式和设定溢价。

5. 抵押贷款

摩根大通正在使用大数据分析来确定因违约抵押而被收回的房屋和商业房产的可接受销售价格。根据保密消息，这个想法是为评估当地经济状况和房地产市场，以便在抵押贷款实际违约之前提出合理的销售价格。如果这些建议的销售价格能被准确设定，理论上能最大限度地减少因银行违约而收回或出售房产对当地房地产市场的干扰。此外，应尽量减少银行在进行销售前被迫持有房产的期限。与此同时，该公司为中情局提供技术专业知识，以发现可疑恐怖分子使用的虚假身份的公司已承认与摩根大通就如何将信息技术应用于信贷业务、信用评估等领域进行讨论。

（四）金融大数据的应用价值

1. 提升决策效率

大数据分析可以帮助金融机构实现以事实为中心的经营方法。大数据还可以帮助金融机构以数据为基础，逐步从静态的现象分析和预测，过渡到针对场景提供动态化的决策建议，从而更精准地对市场变化做出反应。

2. 强化数据资产管理能力

金融机构大量使用传统数据库，成本较高，而且对于非结构化数据的存储分析能力不足。通过大数据底层平台建设，可以在部分场景替换传统数据库，并实现文字、图片和视频等更加多元化数据的存储分析，有效提升金融机构数据资产管理能力。

3. 实现精准营销服务

在互联网金融模式的冲击下，整个金融业的运作模式面临重构，行业竞争日益激烈，基于数据的精细化运营需求和产品创新需求日益迫切。大数据可以帮助金融机构更好地识别客户需求，打造良好客户体验，提升综合竞争力。

4. 增强风控管理能力

大数据技术可以帮助金融机构将与客户有关的数据信息进行全量汇聚分析，识别可疑信息和违规操作，强化对于风险的预判和防控能力，在使用更少的风控人员的条件下，带来更加高效可靠的风控管理[1]。

四、人工智能引领金融科技未来

（一）什么是人工智能？

关于人工智能是什么，目前学术界和产业界尚无统一的定义，如人工智能之父John McCarthy认为："人工智能就是制造智能的机器，更特指制作人工智能的程序"；马文·明斯基（Marvin Minsky）则将人工智能定义为："让机器来完成那些如果由人来做则需要智能的事情的科学"；Stuart J.Russell和Peter Norvig则在其经典教科书《人工智能：一种现代的方法》中指出，人工智能是关于构建智能机器（或智能计算机）的科学与工程领域，认为智能机器有四种可能的定义：像人一样思考的机器（人工智能模仿人类思考与认知的模式），像人一样行动的机器（人工智能在与人交互时拥有人类的反应，即通过图灵测试），合理思考的机器（严格按照逻辑学进行分析推理并得出结论）和合理行动的机器（作为一个理性代理，实现最佳产出）。这四种定义代表了对

---

1 中国信息通信研究院：中国金融科技前沿技术发展趋势及应用场景研究

人工智能的定位和目标的不同理解，四种智能机器的实现需要不同的理论基础和方法论。

在综合诸多专家观点的基础上，我们采用李开复博士对人工智能的解释，即："人工智能指的是获取某一领域的海量信息，并利用这些信息对具体案例做出判断，达成特定目标的一种技术"[1]。

而有关人工智能的兴起历史、重要人物和关键事件等详细发展历程等，我们将在第二章中专门介绍。

（二）人工智能的三个层次

人工智能如果按照其智能水平可以分为三个层次，即弱人工智能（SNI）、强人工智能（GAI）和超人工智能（SAI）。

弱人工智能是指擅长于单方面的人工智能。这个阶段的人工智能只能处理较为单一的问题，且发展并没有达到"模拟人脑思维"的程度，所以人工智能仍然属于"工具"的范畴，与传统的"产品"别无两样。弱人工智能的应用场景如今已经深入到人类生活的各个领域，如新闻推送、搜索引擎、智能网联汽车、黑灯工厂、无人码头、智能客服、智能穿戴设备、智能家居等。

1　李开复：《人工智能对人类社会的真正威胁》

强人工智能指在各方面都与人类相当的人工智能。这个阶段的人工智能已经可以比肩人类，同时也具有了"人格"的基本条件。强人工智能要取得成功，最容易想到的路径便是对人脑的模拟。大数据和云计算技术的发展为强人工智能的出现与普及奠定了技术基础，但仅仅依靠大数据和云计算技术并不能帮助计算机实现"智能"，强大的符号认知能力才是计算机是否智能的关键。强人工智能首先要"听得懂，看得懂"，这就涉及了三项重要的技术，即计算机视觉技术、自然语言处理技术和语音识别技术，分别对应着对图像的识别、对文本的编译与对人类语音的处理。近年来，上述三项技术得到了飞速的发展，使得计算机正在获得过去只有人类才具有的能力，强人工智能时代的到来似乎指日可待。牛津大学人工智能哲学家尼可·博斯特伦（Nick Bostrom）在2013年对数百位人工智能专家做了一项关于"你认为人类级别的人工智能什么时候会出现"的调查，结果显示，专家们认为强人工智能正常情况下会在2040年时出现，最晚也会产生于2075年。当然，这只是在对人工智能的研究没有受到任何限制的情况下所进行的预测，强人工智能的产生不仅是技术的问题，更会受到伦理、法律、利益的再次分配，还有深植于人类内心的对于未知的恐惧等多种因素的影响，这些都有可能成为强人工智能研究的巨大阻力。因此，强人工智能的出现也许会比人们预测的晚一些[1]。

超人工智能是指全面超越人类智能水平的人工智能。该阶段的人工智能已经跨过"奇点",其计算和思维能力已经远超人脑。人工智能将打破人脑受到的维度限制,其所观察和思考的内容,人脑已经无法理解,它们将形成一个新的社会。人类的法律体系仅在人类社会生效,在这个阶段,人类制定的规则已经无法影响人工智能,因为人工智能已经超出了人类社会的范畴。随着技术的进步和人工智能的自我改进,一个比我们聪明100倍、1000倍、甚至10亿倍的大脑也许能够随时随地操纵这个世界所有原子的位置。此时的人工智能已经不是人类可以理解和想象的存在了,人类的法律体系也会随之消亡,或转化成另外的形态而存在[2]。

基于当前人工智能的研究及应用情况,我们依然处于弱人工智能时代,人工智能技术主要还是为了解决特定的问题而存在的,是任务型的人工智能。至于未来人工智能能否真的拥有人一样的思考、感知和认知能力,还有很长的一段路要走。

---

1 孟昊博:强人工智能时代什么时候到来?如何到来? http://www.sohu.com/a/15128630_119070
2 阿里研究院:《AI+:AI对8大领域及法律规则的影响分析》

（三）"AI+ 金融"的应用

人工智能在金融领域的应用非常广泛，金融机构利用人工智能分析复杂的客户数据，了解客户的消费习惯和金融诉求，可以实现精准营销。金融机构还对潜在客户进行多维度分析，形成用户画像，适时推出金融产品，实现智能获客。计算机视觉技术在金融领域有非常广泛的使用，可以用于员工行为的监督、白名单和黑名单客户的识别、客户兴趣和关注的追踪。计算机视觉技术当然还可以用于异地开户，用户只需要对着手机里的 App 刷脸，拍摄各种证件，就可以开户。银行发放贷款时，也不需要客户把证件拿到银行，借助 OCR，这些证件中的核心信息会直接进入客户的档案。语音识别和自然语言处理技术可以作为智能客服的接线员，24×7 服务客户。同时，知识图谱的建立和语义分析技术的提高，会让智能客服越来越准确地回答客户的各种问题，并予以解决。在无人值守银行里，会说话的机器人会作为大堂经理来引导客户，ATM、VTM、外币兑换机等设备会和客户对话，解决客户的问题并完成交易。在金融机构的后台，知识图谱和大数据分析会把风险控制做得很好，也会对客户做好征信调查。对于客户的理财需求，人工智能可以提供针对每个不同客户风险偏好和产品偏好的设计理财产品，这个服务叫智能投顾。人工智能程序还在量化闪电交易中被广泛地使用，在每秒钟 10000 次的闪电交易中，人类敲击键盘的速度是无法与人工智能程序相比的。当然，人工智能还可以将金融机构的资金使用策划到最佳状态，同时把各种合法与合规工作变成模型，保证金融机构不会收到金融监管机构的罚单。

人工智能之所以能够在金融科技（FinTech）领域得到广泛应用，一方面是由于人工智能比较适用于处理边界清晰、专注于某一领域的业务；另一方面，金融业本身具有海量数据、边界相对清晰的特性。因此，当金融邂逅人工智能，两者一拍即合，在金融科技（FinTech）领域构成了一系列应用场景。本书根据业态分类，将人工智能在金融科技（FinTech）领域的应用场景总结为智能支付、智能营销、智能客服、智能征信、智能风控、智能投研、智能投顾、智能开户、智能交易、智能理赔、智能保险、智能机具、智能安保等13个大类，具体应用情况将在第三章和第四章中作详细介绍。

（四）"AI+金融"的应用价值

1.进一步提升金融行业的数据处理能力与效率

随着金融行业的不断发展，沉淀了大量的金融数据，主要涉及金融交易、个人信息、市场行情、风险控制、投资理财等。这些数据容量巨大且类型丰富，占据了宝贵的储存资源，而从业人员却无法对其进行有效分析以供决策。虽然大数据技术的出现对此有所改善，但在数据的有效处理与分析挖掘上仍面临着较大挑战。随着深度学习技术的不断推进，金融机构尝试将海量数据提供给机器进行学习，不断完善机器的认知能力，使其几乎达到与人类相媲美的水平。尤其是在金融交易与风险管理这类对复杂数据的处理方面，人工智能有效利用大数据进行筛选分析，可以帮助金融机构更高效地决策分析，提升金融业务能力。

2. 推动金融服务模式趋向主动化、个性化、智能化

在传统技术模式下，金融行业通过面对面交流的方式发掘客户需求。同时，受人力资源和数据处理能力影响，金融行业只面向少数高净值客户提供定制化服务，而对绝大多数普通客户仅提供一般化服务。随着人工智能的飞速发展，机器能够模拟人的认知与功能，使批量实现对客户的个性化和智能化服务成为可能，这将对目前金融行业沟通客户、挖掘客户金融需求的模式产生重大改变。整体而言，人工智能技术将显著改变金融行业现有格局，在前台可以用于提升客户体验，使服务更加个性化；在中台辅助支持金融交易的分析与预测，使决策更加智能化；在后台用于风险识别和防控保障，使管理更加稳定化。

3. 提升金融风险控制效能

在传统模式下，金融机构难以查证客户提供信息的真实性。交易双方信息的不对称性，使得金融机构面临用户隐瞒甚至编造个人信息的业务风险。人工智能可从大量内部与外部数据中，获取关键信息进行挖掘分析，对客户群体进行筛选和欺诈风险鉴别，并将结果反馈给金融机构。此模式不仅能够降低交易双方存在的信息不对称问题，有效降低业务风险，还能对市场趋势进行预测，为金融机构提供有效的风险预警，引导金融机构提前采取预防措施。

4. 助推普惠金融服务发展

人工智能技术能够通过降低金融服务成本、提升金融服务效率和扩大金融服务范围，来推动普惠金融服务的快速发展。智能营销能帮助金融机构精准获客，减少营销成本；智能风控能在金融业务流程中提高风险识别、预警、防范及风险定价能力，降低风险甄别成本。智能金融业务模式可以让金融有效伸延普惠到最需要的弱势人群，从而推动金融的普惠化[1]。

---

1 中国信息通信研究院：中国金融科技前沿技术发展趋势及应用场景研究

五、传统金融互联网进程加速

(一)互联网金融与金融科技

本书开篇曾指出,FinTech2.0时代的典型特征是"互联网+金融",FinTech3.0时代的典型特征则是"AI+金融"。互联网金融既是中国特有的金融发展模式,也是我们讨论金融科技时无法绕开的一个话题。

一般认为,互联网金融是指传统金融机构与互联网企业利用互联网技术和信息通信技术实现资金融通、支付、投资和信息中介服务的新型金融业务模式。

这里需要特别指出的是,无论互联网金融,还是金融科技,互联网技术都是作为基础技术与金融行业、其他信息技术行业相结合,从而推动传统金融业的变革发展。

(二)互联网金融的主要类型

互联网金融的发展自2013年起经历了野蛮式增长到监管严冬,目前的发展逐步趋向理性和平稳,表现形式有第三方支付、P2P借贷、众筹、互联网金融门户、互联网银行、互联网保险、互联网证券、互联网基金等。这里我们挑选其中具有典型代表性的形式作简单介绍[1]。

---

1 更为详细的介绍敬请参阅拙著:互联网金融,上海交通大学出版社,2015版

1. 网络支付和移动支付

网络支付与结算是以互联网等方式为基础，实现买家、金融机构、商家之间的在线货币支付、现金流转和资金清算。近十年来，伴随着科技和加密算法的进步，各类网络支付与结算方式迅猛发展，如银行卡网络支付、网络结算等，刷脸支付、虹膜支付等技术也正从实验室迈向实践（如本书开篇所引用温州五马街案例）。

移动支付属于电子支付和网络支付的更新方式。在移动支付过程中，终端设备、互联网、服务提供商以及金融机构相互融合，为用户提供支付、缴费等金融业务。20世纪90年代，美国出现移动支付业务，随后各种移动应用类钱包应运而生。近年来，全球移动支付产业市场规模进一步扩大，用户普及程度进一步提高，常见的移动支付方式有短信支付、扫码支付、声波支付等[1]。

2. 互联网众筹

众筹的概念来源于Crowdsourcing(众包)，后者的意义更加宽泛，指一个人通过接受并协调来自多方的零散贡献以达成自己的目标。而互联网众筹起源自美国，Brian Camelio 在2003年创立了Artist Share，从此拉开了互联网众筹的序幕。近年来，全球众筹行业的发展呈现指

1　京东金融研究院: 2017金融科技报告-行业发展与法律前沿

数型增长趋势。众筹的分类相当广泛，包括产品众筹、股权众筹、公益众筹等类型。

全球互联网众筹起步于2001年，随后呈现爆发式增长，据Massolution与艾瑞咨询的统计与预测，2010年至2016年全球互联网众筹将保持75%以上的增长率，并于2016年达到2000亿美元的众筹规模。中国电子商务研究中心检测数据显示，2025年全球众筹市场众筹规模将达到3000亿美元左右，发展中国家众筹规模将达到960亿美元。

互联网众筹是一种全新的融资方式和融资渠道，它很大程度上降低了创业企业的融资成本，提高了融资效率。从国内外众筹发展情况来看，互联网众筹正处于快速发展阶段，美国JOBS法案后，通过法律形式认定了众筹的合法性，同时赋予投资者可以获得项目的股权作为投资回报的权利，监管完善和金融创新都在推进众筹模式快速发展。虽然中国尚缺乏对众筹领域的法律监管，但随着互联网金融领域的不断创新，法律监管措施不断完善，互联网众筹的发展前景依旧十分乐观[1]。

3.互联网保险

保险行业在20世纪末最早接触互联网，出现了保险公司网络直销

---

[1] 京东金融研究院: 2017金融科技报告: 行业发展与法律前沿

和第三方比价等平台。2014年，Oscar Health 和 Zenefits 等公司相继进行大额融资，互联网保险成长为保险市场具有重要影响力的业务形态。随着互联网保险的快速发展，保险业务领域效率低、成本较高和客户体验不好的环节都会暴露出来，解决此类问题的良策就是保险科技（简称InsurTech）[1]。

互联网保险与新兴金融科技的结合，不仅催生了各类保险产品，也正在改变互联网保险的商业模式。按照传统观点，保险企业会有自身的保险产品，然后让一套层次架构复杂的销售体系去销售。而当今的互联网保险企业则突破了这一点，在销售渠道上，由有中介的销售过渡到去中介的销售渠道，甚至某些互联网保险公司并没有自己的保险产品，仅仅提供保险信息服务。

4.P2P借贷

2005年3月，全球第一家P2P贷款平台Zopa在伦敦上线，取意为"可达成的交易空间"（Zone of possible agreement，Zopa）。P2P的商业模式已散布全球，从近年来的成交量来看，中国、美国和英国在全球前三的位置。

英国的P2P商业贷、P2P消费贷、P2P票据融资是替代性金融的一

---

[1] 京东金融研究院：2017金融科技报告-行业发展与法律前沿

种。剑桥大学新兴金融中心(Centre for Alternative Finance)等机构发布了关于英国互联网金融发展现状及趋势的报告《开拓边界》(Pushing Boundaries)，报告统计显示，P2P在替代性金融(Alternative Finance)市场成交量里已占据主要地位。P2P市场是一个推陈出新、不断整合的市场，目前英、美等国的P2P市场均由少数公司控制。

美国的P2P市场由Lending Club和Propser垄断。英国P2P行业协会P2PFA的统计显示，在英国的P2P市场上，规模较大的是Zopa、Rate Setter、Market Invoice和主做小微企业市场的Funding Circle。从市场集中度上看，英国这四家最大的P2P平台总市场份额从它们诞生起一直在下降，但四大平台的总市场份额占比维持在70%左右，占较强优势。英国整个P2P市场开始重视行业龙头，并朝着寡头垄断的市场结构发展，可见大额资金更偏爱流动性好的平台，四大平台的品牌和风控措施在安全性上也更吸引稳健的投资人。

近年来大数据技术广泛应用于P2P网贷行业的各个领域。企业既可以通过大数据所反映出的客户需求提前制定企业发展策略，还可以通过统计点击率和整理评论来洞察网络金融民意，并对大数据进行归类、分析、建模来进行差异定价和风险控制等。

（三）互联网在金融科技（FinTech）领域的应用价值

1.互联网助推金融真正实现线上化

信贷是金融的核心。自2007年P2P登陆中国，国内的信贷就开始了漫长的线上化进程。但是碍于体制和理念，中国的信贷线上化始终停留在"电商"层面，以一种网络兜售信贷的方式试水线上信贷。这种初级又低效的方式持续了很久，然而对传统金融机构的促进却极其有限，导致2007年—2017年这十年间，中国的线上信贷始终停留在网络信贷的层面。互联网金融无论是非功过，至少都在探索信贷线上化的种种可能。2017年，现金贷的兴起是中国金融孕育出的"怪胎"，它既保留了传统金融的运作方法和理念，又融入了许多网络金融的技术元素。更为重要的是，现金贷在网络平台出现之后，经过历次改版升级后的电子银行产品也悄无声息地融入了现金贷的功能。至此，更加深入的信贷线上化才算正式拉开帷幕，金融业真正进入了互联网人常说的"最好的时代"。信贷业务的全流程存在四个重要的节点，只要这四个节点有任何一个节点涉及线上，从更加宏观的视角审视，都应该涵盖在中国整体信贷线上化的蓝图中[1]。

1　艾瑞咨询：2018年中国互联网产业发展报告

2.互联网推动部分金融业务模式变革

互联网在提供线上渠道的同时，进一步变革了部分业务的开展模式，对传统运作模式形成了冲击。这一部分的变革主要体现在证券公司与银行的部分业务上。

典型的例子如：证券经纪业务与融资融券业务，其线上模式已与证券投资咨询业务一起被整合进多数证券公司的软件中，以更便捷的方式向个人投资者提供服务；存款业务，受到了互联网推动的影子银行与直销银行的一定冲击；贷款业务，小微领域主要被小额贷款公司与P2P公司所占据；银行卡业务与结算业务，零售支付领域受到第三方支付机构的巨大冲击；征信业务，传统信贷征信模式的空隙被人工智能征信所替代等。

更加特殊的影响是：互联网的发展进一步创设了新的可供传统金融机构参与的业务模式。这类全新的业务模式包括：投资咨询自媒体、股权众筹、直销银行、P2P等。有些新的业务模式与传统金融机构形成了竞争，如直销银行、股权众筹可能带来的冲击等；有些则形成了互补，如P2P填补了此前金融机构服务未能覆盖的领域[1]。

P2P的悲情故事也许是最不应该在中国发生的故事。无论是政府

1　任泽平：互联网＋金融：金融机构的变革及机遇（上），https://www.sohu.com/a/226535252_467568

还是社会，在对传统金融机构不能有效为实体经济输血的怨恨中，都对P2P这一新生事物放松了警惕，致使一批不懂金融的人，一下子冲入这个行业，各显神通。从2013年到2016年，由于监管缺失，本来应该做撮合中介的P2P公司大搞资金池、自融、故意逃废债，甚至还有庞氏骗局，把一个本该做起来的P2P变成了骗子和老赖的代名词。2016年8月24日，银监会联合四部委下发《网络借贷信息中介机构业务活动管理暂行办法》（以下简称《办法》），对P2P金融作出了详细的规定与调整，这项P2P行业的重磅政策性文件被称为"史上最严"的监管文件。从那时起，P2P在中国才逐步走入正轨。

六、金融科技（FinTech）五大要素间的关系

1. 五大要素均为通用目的技术（GPT），将对人类经济社会转型产生深远影响

所谓通用目的技术（GPT）是指那些对人类经济社会产生巨大、深远而广泛影响的革命性技术，如蒸汽机、内燃机、电动机、信息技术等。其基本特征包括：一是能够被广泛地应用于各个领域（Variety of Applications）。通用目的技术的一个显著特征是能够从初期的一个应用领域（Special Purpose Technology，SPT）实现向后期多个领域的广

泛应用；二是持续促进生产率提高、降低使用者的成本。随着新技术的发展和应用，技术应用成本不断下降，技术应用的范围不断拓展；三是促进新技术创新和新产品生产。该技术与其他技术之间存在着强烈互补性（complementarity），具有强烈的外部性（Spillovers），其自身在不断演进与创新的同时，能够促进其他新技术的创新和应用；四是技术应用会不断促进生产、流通和组织管理方式的调整和优化。通用目的技术的应用不仅促进了产品和生产环节的技术创新和生产方式的转变，而且促进了组织管理方式的优化，实现了产品技术、过程技术和组织技术的提升[1]。

基于上述定义和特征，金融科技（FinTech）五大要素中无论是云计算、区块链和互联网等基础技术，还是人工智能和大数据等应用技术，都具备了通用目的技术（GPT）的标准。

2.五大要素间是层次分明、相辅相成的发展关系

这里需要澄清的是，一般意义上将金融科技（FinTech）五大要素ABCDI并列提出的说法不够严谨，甚至在某种意义上来说会造成一定的误导。这是因为，金融科技（FinTech）五大要素中的云计算和区块链作为一种底层分布式技术，本身是建立在金融IT高度发展的基础

---

1 安筱鹏：通用目的技术（GPT）与两化深度融合，http://www.sohu.com/a/230970278_286727

上[1]，是其他三大要素互联网、大数据和人工智能技术发展的基础。同时，人工智能与大数据、云计算以及区块链技术并不是相互割裂的，更多地表现为相互依存的关系。大数据可以为人工智能技术在机器学习训练、算法优化等方面提供丰富的养料；云计算为大数据提供超强的运算和存储能力，显著降低运营成本；区块链解决了大数据、云计算、人工智能技术存在的信息被泄露、篡改的安全性问题，使得金融交易具有更高的安全性。人工智能技术作为金融行业未来发展的核心驱动力，与其他相关技术一道共同促进金融行业转型升级[2]。五大要素间的关系见下图[3]：

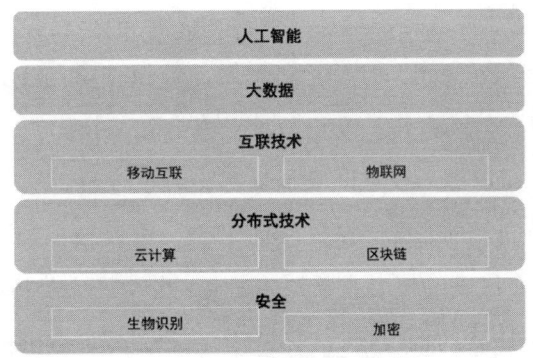

---

1 严格意义上来说，金融IT是金融科技FinTech1.0阶段的主要特征，是其他五大要素的基础，但鉴于金融IT发展到今天，已成为金融业中必备的软硬件配置之一，这里不再做重点介绍。
2 艾瑞咨询: 2018中国人工智能金融行业研究报告
3 The Boston Consulting Group： 全球金融科技的发展趋势全球执委电话会议（939会议）

在五大要素中，云计算可以视为其他各要素最不可或缺的基础技术。云服务、大数据、人工智能三者之间也密不可分，呈现出相辅相成的发展关系。其中，云计算与大数据的联系最为紧密：在产生海量数据的信息社会中，云计算与大数据共同为数据的存储、提取、处理、利用贡献力量。除此之外，在人工智能、生命科学、物联网等前沿科技中，由于数据量十分庞大，必须依赖于云计算、云存储等底层云服务。

第三节 金融科技（FinTech）的主要参与者

金融科技（FinTech）从兴起到爆发，各相关参与主体纷纷聚焦，或观望，或加入，或合作，或竞争，号称金融科技类公司或从事金融科技业务的公司仿佛一夜之间喷涌而出。时至今日，从各主体参与金融科技（FinTech）的维度、模式层面来看，可以按照所从事的金融、技术、监管三个维度的核心业务领域主要划分为四大类机构，分别是：

1.传统金融机构（商业银行、交易所、非银行金融机构等）；

2.新兴金融科技（FinTech）公司；

3.互联网巨头（电商、社交、媒体、搜索引擎等）；

4.监管机构（央行及其他金融监管机构）。

此外，由于业务链条的延伸和转型，逐步介入到金融科技领域的还包括电信运营商（基于实名制带来的精准客户画像）和部分实业公司（资本投资和业务链延伸）等。

这四类公司每一类都具有自己的优势：传统金融机构有牌照优势，各家政策也倾向于保护他们，他们自身多年练就的防范金融风险、稳健经营的能力也非常强；新兴金融科技（FinTech）公司往往是小公司，在技术上能力很强，同时也有着非常强的创新意愿，对于场景理解也很强。由于他们自身不做金融服务，往往成为传统金融机构的技术供应商。互联网巨头在金融科技生态圈里应该是最具有优势的，他们有大流量，占领入口，技术强，对于场景理解能力超级强大。如果国家放开对他们的牌照资源的话，他们可以碾压整个行业。监管机构在金融科技的生态中主要职责就是监管。

从区域和产业层面来看，2018年6月浙江大学互联网金融研究团队在荷兰举行的Money20/20欧洲大会上发布了《2018全球金融科技中心指数（GFHI）》报告，通过对全球范围内26个经济区、40个核心城市的金融科技发展程度进行研究，排名显示：在全球范围内，长三角地区、旧金山湾区（硅谷）、京津冀地区、大伦敦地区、粤港澳大湾区和纽约湾区位于前六名，也是处于第一梯队的全球性的金融科技中心，其中中国占到了3席。除此之外，大悉尼地区、新加坡、大波士顿地区、比荷卢地区、东京湾区、大孟买地区、大圣保罗地区、巴黎地区和以色列则处于第二梯队之中，被看作地区性的金融科技中心。瑞士和法兰克福地区等排名稍后，属于正在崛起和发展中的金融科技中心。从金融科技产业情况来看，旧金山湾区（硅谷）排名第一；而中国三大区域（长三角、京津冀、粤港澳）在金融科技体验方面包揽了前三名；大伦敦地区则在金融科技生态方面拔得了头筹[1]。

一、传统金融机构

本书所指的传统金融机构包括各类商业银行、交易所和证券、保险、信托等非银行金融机构，它们是金融科技（FinTech）最早的参与者，也是最大的参与者，如有的学者认为1967年巴克莱银行引入ATM可以视为FinTech的起点[2]。

与互联网公司和新兴金融科技（FinTech）公司相比，传统金融机构最大的优势在于拥有监管机构下发的金融牌照和较为健全的风控体系；同时，由于成立时间较久，经历过数次金融危机的考验，

---

1 前瞻网：北京、上海争当中国金融科技中心NO.1一文告诉你到底谁最强
2 谢平、邹传伟主编：FinTech：解码金融与科技的融合，中国金融出版社，2017年，p20.

在资产规模、客户群体、品牌信誉度和金融人才储备方面具有较大的优势。但优势在面对新兴技术应用过程中往往也会变成劣势，传统金融机构正是由于悠久的历史和完整、严密的组织体系，使得其或多或少带有一些"大机构病"：业务流程繁琐、冗长、对于新技术的运用抱着谨慎和怀疑的态度、缺乏专业力量在第一时间进行主动的研发和创新、产品的设计偏重于以金融产品为中心、缺乏对于互联网时代以消费者体验为中心的创新意识和创新动力等。随着金融科技（FinTech）浪潮的兴起，传统金融机构逐渐意识到金融科技（FinTech）对于金融业带来的影响和变更将是不可逆转的，故而对于金融科技（FinTech）的投入和应用也在不断深化。它们通常通过以下三种方式参与金融科技活动：

1. 自主研发技术并应用；

2. 收购相关金融科技（FinTech）公司，从而得到对方的技术；

3. 与金融科技（FinTech）公司开展合作，达到协同。

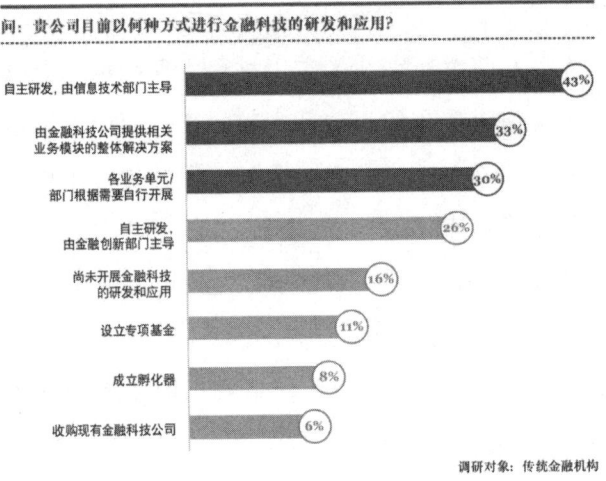

中国传统金融机构研发和应用金融科技情况调查统计 [1]

普华永道2017年—2018年对中国金融科技行业的持续跟踪调查显示：中国传统金融机构已越来越重视金融科技（FinTech）的研发和应用，且不甘于单纯依赖外部金融科技公司的能力，而是更加重视自主研发和实践能力的培养。在参与本次调查的传统金融机构中，表示正在自主进行金融科技（FinTech）研发和应用的受访者占了较大比

1　普华永道: 2018年中国金融科技调查报告

例，其中选择由信息技术部门主导自主研发的占43%，由各业务单元或部门根据需要自行开展的占30%，由金融创新部门主导自主研发的占26%，设立专项基金或成立孵化器的占19%；而选择与金融科技（FinTech）公司开展合作，由金融科技（FinTech）公司提供相关业务模块的整体解决方案的占到了33%；选择收购现有金融科技（FinTech）公司，从而得到对方技术的仅占6%。值得注意的是，尚有16%的调查对象仍未开展金融科技（FinTech）的研发和应用。

而从全球来看，银行等传统金融机构越来越看重与新兴金融科技（FinTech）公司之间的协同作用，新兴金融科技（FinTech）公司与传统金融机构间的协同关系大于竞争，全球投资热度不减[1]。比如，由IDC和SAP联合发布的研究报告显示，全球60%的银行将金融科技（FinTech）公司视为合作者，其中有近四分之一的银行对金融科技（FinTech）公司有收购意向，亚太区尤甚；相对来说，拉丁美洲国家的银行更乐意与金融科技（FinTech）公司合作，而欧洲、中东和非洲的银行对金融科技（FinTech）的危机感更强，尤其是德国、法国和部分北欧国家[2]。

这一点在中国也不同程度地得到了印证，如上图调查统计显示，

1　36氪研究院：科技炼金，融汇未来——金融科技（FinTech）行业研究报告
2　廖岷等：科技金融发展的国际经验和中国政策取向，中国金融出版社，2017年，p13.

选择与金融科技（FinTech）公司开展合作的调查对象占到了33%，仅次于选择由信息技术部门主导自主研发的43%，且在2017-2018年期间，大型商业银行、保险公司和资管公司等金融机构都已和金融科技（FinTech）公司建立了多样化的合作模式。如：2017年3月28日，阿里巴巴集团、蚂蚁金服集团与建设银行签署三方战略合作协议，蚂蚁金服将与建行在信用卡线上开卡、线上线下渠道业务、电子支付业务以及信用体系互通等方面开展合作，"共同探索商业银行与互联网金融企业合作创新模式"。2017年6月16日，京东金融与中国工商银行签署金融业务合作框架协议。双方的全面业务合作主要集中于金融科技、零售银行、消费金融、企业信贷、校园生态、资产管理、个人联名账户等方面。从合作内容上看，基本涵盖了个人征信、消费金融、供应链金融等全品类的金融服务。2017年6月20日，中国农业银行与百度签署战略合作协议，并将共建"金融科技联合实验室"。据悉，双方此次的合作包括共建金融大脑以及客户画像、精准营销、客户信用评价、风险监控、智能投顾、智能客服等方向的具体应用，并将围绕金融产品和渠道用户等领域展开全面合作。2017年6月22日，中国银行与腾讯宣布已经成立"金融科技联合实验室"。双方初步在云计算和大数据平台以及人工智能应用方面取得突破，建立了统一的金融大数据平台，持续输出技术能力以支持业务发展。未来，双方将继续深化金融科技领域的合作，逐步搭建总对总的金融科技云平台，充分发挥中国银行的业务资源优势与腾讯的先进科技优势，在客户需求洞察、风险管理体系建设、金融效率提升等方面进行深度合作，助力业务发展[1]。至此，四大国有大型银行形成了与互联网巨头（BATJ）在金融科技领域的牵手合作。

二、新兴金融科技（FinTech）公司

新兴金融科技（FinTech）公司是参与金融科技（FinTech）的生力军，它们深谙科技发展的逻辑和技术优势，在充分发挥科技创新降低金融服务门槛、扩大金融服务覆盖面、提高金融服务效率方面做出了积极的探索，弥补了传统金融机构服务的空白和不足。在创新和颠覆传统金融服务的同时，新兴金融科技（FinTech）公司自身也得到了强势发展。美国创投研究机构CB Insights评选出的2018年全球250家最具潜力的金融科技（FinTech）初创公司显示，自2013年以来，2018年入选的FinTech 250已经在947笔交易中筹集了约530亿美元的总融资，其中包括处于不同投资发展阶段的初创公司，从早期（种子/A系列）

1　普华永道：2018年中国金融科技调查报告

公司到资金充足的独角兽都有[1]。这些"潜力股"的业务种类非常丰富，覆盖了支付处理和网络、移动钱包和汇款、零售投资和二级市场、金融服务与自动化、资本市场与机构交易、核心银行及基础设施、财富管理、个人理财与储蓄、数字银行、抵押贷款、房地产投资、监管与合规、保险、工资和福利、信用评分和分析、一般贷款和市场、销售点终端（POS）与个人贷款、商业贷款和融资、会计与金融等19个细分领域。

新兴金融科技（FinTech）公司的优势在于技术和模式创新，劣势则在于缺乏金融牌照。随着各国监管政策的相继出台，新兴金融科技（FinTech）公司普遍面临着游离于金融业务的边缘的问题，要么以"擦边球"的形式回避监管，要么选择与持牌金融机构开展合作以获得合法经营渠道，其扩张速度和技术驱动的模式创新不同程度地受到了影响。

三、互联网巨头

与新兴金融科技（FinTech）公司相比，互联网巨头公司的主业并非金融科技（FinTech），比如电商、社交、媒体、搜索引擎等。但是

---

1 前瞻网: 2018年全球金融科技250强: 947笔交易斩获530亿美元总融资，支付领域占比最大

由于其主业与信息科技渊源颇深，经过多年的积累和爆发式发展，在获客渠道、用户群体和流量规模方面占据了绝对优势，这些互联网巨头企业往往根据自身业务特点构建了业务生态圈，从生态圈外围向金融业不断侵蚀，逐步将金融植入到各类生活场景中去，并利用技术优势缩短金融服务的环节、提高金融服务效率，进而抢占了大量用户和流量。

以中国最典型的互联网巨头BAT为例，它们选择参与金融科技（FinTech）的路径各不相同。阿里巴巴是电商场景，首先有交易，接着自然就要有支付，有了支付和大量数据，就能延伸到信贷、征信、借贷和众筹。腾讯有很强大的社交场景，社交场景本来离金融活动有一定距离，但腾讯以微信红包为载体进入到支付领域，由社交到微信红包，从红包再到微信支付，之后进入到个人消费，最后延伸到小额信贷、保险等领域。相比较而言，百度离直接的金融业务似乎比较远，特别是在支付领域介入得少。但是，百度有可能在金融科技3.0的阶段，应用搜索场景和网络流量介入到人工智能分析和大数据分析等领域[1]。

此外，互联网巨头们由于自身规模较大，资本实力雄厚，除了自主开展金融科技（FinTech）业务，往往也会选择以投资金融科技

---

1 巴曙松：2017年1月17日在亚洲金融论坛上的《中国金融科技发展现状与趋势》主题演讲，http://www.sohu.com/a/124756229_509997

（FinTech）公司的形式快速介入金融科技（FinTech）领域，比如国际上有 IBM 投资 Digital Asset Holdings、Uber 投资 Otly，国内则有腾讯投资比特大陆、阿里巴巴投资杭州银盒宝成、联想集团投资温州翼龙贷、京东和小米共同投资杭州恩牛科技等一系列成功案例。

互联网巨头在发展金融科技的过程中，对牌照资源早有觊觎。以阿里巴巴和腾讯为例，经过几年的努力，蚂蚁金服已经获得了包括第三方支付、小额贷款、保险、银行、保险代理、基金销售、个人征信、股权众筹、基金九个牌照，而腾讯金融获得了第三方支付、小额贷款、保险、银行、保险代理、基金销售、个人征信、券商八个牌照。

四、监管机构

金融科技（FinTech）发展过程中无法绕开的一个永恒话题就是监管。由于金融科技（FinTech）具有行业边界模糊、发展迅速、覆盖面广的特点，全球的央行和金融监管机构对于金融科技（FinTech）发展给金融业带来的影响高度关注。在国际层面，由于金融科技（FinTech）发展时间较短，尚无统一的国际组织对各国间的金融科技（FinTech）业务进行协调。目前国际证监会等组织也仅仅是对金融科技（FinTech）的未来发展前景有所研究，难以胜任各国和各金融科技企业间的协调工作[1]。

　　从国家层面来看，目前各国相关金融科技（FinTech）的监管通常采取多管齐下的策略。一方面，督促初创的金融科技企业加强自身合规与内控工作，组织行业协会统一服务和技术标准；另一方面，采用"柔性监管"策略，以及与"金融科技（FinTech）"相对应的"监管科技（RegTech）"[2]。

　　其中英国作为老牌的金融中心，在施行金融科技（FinTech）监管政策方面继续走在了前列。英国金融行为监管局（FCA）于2014年7月率先开展了"项目创新"（Project Innovate），旨在促进金融行业和非金融行业企业的金融创新，制定了"监管沙盒（Regulatory Sandbox）"文件并于2016年5月推出。随后，新加坡、澳大利亚、美国等国也相应出台了监管政策。在中国，中国人民银行于2017年5月成立了金融科技（FinTech）委员会，旨在加强金融科技（FinTech）工作的研究规划和统筹协调。下表为全球金融科技（FinTech）主要国家和地区监管政策出台情况[3]：

1　京东金融研究院: 2017金融科技报告: 行业发展与法律前沿
2　同上。
3　根据京东金融研究院: 2017金融科技报告: 行业发展与法律前沿整理。

国家/地区	时间	政策要点
英国	2010年11月	英国推出伦敦为科技城的政府计划，整合大企业、投资人、专业人士，在企业的成长阶段适时给予支持，进而构建出创新业务的生态系统(ecosystem)，设立了科技城投资机构(TCIO,Tech city investment organization)作为创新推动中心组织
	2011年6月	全球金融危机使得各国金融监管体制的内在缺陷充分暴露，英国政府正式发布《金融监管新方法:改革蓝图》白皮书，对英国金融监管体制进行改革
	2013年起	英国金融服务管理局(FSA)的监管职责被金融行为监管局(FCA)和审慎监管局(PRA)所取代。其中，FCA是FSA法律实体的延续，既负责银行、证券、保险公司等金融机构的行为监管，也负责不受PRA监管的金融服务公司的行为监管和审慎监管
	2013年	设立了英国企业银行(BBB,British Business Bank)，为英国商业、创新及技术部所持有股份有限公司形态之法人
	2014年	为英国企业银行投资项目(BBB Investment Program)额外投资1亿英镑，其举旨在解决金融市场内小型公司存在的缺口，以及促进借款中更多的供应选择。此前，BBB已经通过此项目为金融科技公司投资1亿英镑
	2014年8月	英国财政部提出金融科技振兴策略。一是资金融通优惠措施。一方面通过BBB提供1亿英镑的追加融资；另一方面，建立新创企业银行融资被拒，协助寻觅新融资机会。二是政府采取税收优惠措施。英国政策环境优势包括有效的税收优惠政策，对于金融科技创新企业投资，给予税制上优惠待遇。在金融科技创新方面，取得发明特许所得收益之税率，调低至10%以下，以资鼓励
	2017年	英国财政部提出"监管创新计划"，此计划探讨了监管如何适应并鼓励变革性的业务模式，利用新技术来减少业务的监管负担

美国	2012年11月	美国消费者金融保护局(CFPB)启动了"项目催化剂"(Project Catalyst)政策,通过参与创新者社区、参与为我们的政策工作提供信息的举措、监控新兴趋势等方式来使消费者获得公平、透明和具有竞争力的市场,促进创新
	2015年8月	举办第一次开放式创新(O4I)活动。O4I活动召集成立的公司和初创公司,并专注于帮助这些公司从创业公司获得的创新机会。在一对一会议期间,创业公司将其创新能力推广到大型企业;在2016年2月份的时候,商务部召开了第二次O4I会议
	2015年8月	筹备负责任创新监管框架。8月7日,OCC对外表示,正在讨论负责任创新的风险管理问题;2016年10月26日,OCC才正式宣布成立创新办公室并实施支持负责任的创新的框架
	2016年2月	确定了其为公司提供申请"无异议函"流程。该函表明,消费者金融保护局审查过公司的申请,且当前无意对公司产品的特定方面以及根据特定法律规定或政策采取执行或监督行动
	2016年3月	OCC发布文件,提供其对金融服务行业创新的观点,概述指导其金融创新方法的原则,并征求对论文中提出的九个问题和其他主题的反馈
	2016年11月	在华盛顿特区SEC总部举办论坛,讨论金融服务行业的创新。论坛讨论了诸如区块链技术、数字化投顾或机器人顾问、在线贷款和众筹等问题
	2017年1月	美国前总统奥巴马卸任之前,由白宫国家经济委员会,发布了美国金融科技监管框架。在该文件的第四部分,提供了由十条总体原则构成的框架,便于政策制定者及监管层思考、参与及评估金融科技生态圈,从而实现相应的政策目标

新加坡	2015年下半年开始	新加坡调整战略发展方向，将建设"智慧国家"作为政府的重点发展任务，全面支持市场创新，为经济增长注入新的活力。在此背景下，新加坡结合自身的金融业基础，不遗余力地推动FinTech企业、行业和生态圈的发展，致力于成为世界智能科技大国和智能金融中心
	2015年8月	新加坡政府在新加坡金管局(MAS)下设立金融科技和创新团队(FinTech & Innovation Group，FTIG)，在FTIG内建立支付与技术方案、技术基础建设和技术创新实验室三个办公室，并投入2.25亿新元推动《金融领域科技和创新计划(Financial Sector Technology & Innovation Scheme，FSTI)》，鼓励全球金融业在新加坡建立创新和研发中心，全面支持地区金融业发展
	2016年5月	由新加坡创新机构(SG-Innovate)和新加坡金融管理局(MAS)联合设立金融科技署(FinTech Office)来管理金融科技业务并为创新企业提供一站式服务
	2016年6月	提出了"监管沙盒"(Regulatory Sandbox)制度，为企业创新提供良好的制度环境。新加坡金融监管局正在鼓励进行更多的金融科技尝试，从而能够对市场上具有前景的创新进行测试，并有机会在新加坡境内外进行更大范围的运用
	2016年11月	新加坡金融监管局在举办的首届新加坡金融科技节上宣布新加坡为打造智慧金融中心而推出的一系列计划，包括将全国个人信息平台MyInfo的资料应用在金融领域、试用区块链技术进行跨银行和跨境付款等

五、全球金融科技100强（2018年）

2018年10月23日，毕马威和澳大利亚知名金融科技风投机构H2 Ventures在悉尼联合发布了《2018年金融科技100强》榜单，这是双方自2014年以来合作发布的第五版年报。《2018年金融科技100强》包括全球领先的50家金融科技公司，排名基于创新、融资活动、规模和覆盖范围；同时发布了"新兴50强"这些令人振奋的新金融科技公司，走在创新技术和实践的前沿，经常追求新的商业模式。

报告显示：总体来看，在金融科技领域，全球竞争持续扩大。在《2018年金融科技公司100强》的完整榜单中有36个不同的国家，而2017年的这一数字为29个，2016年的这一数字为22个。今年上榜的公司中，有近一半（41家）是在新兴市场成立并继续运营的。

从国家层面来看，美国在《2018年金融科技100强》榜单中占据18个，排名第一，在前10名中占据3个；紧随其后的是英国，有12个；中国有11个。澳大利亚和新加坡的排名也靠前，分别有7个和6个。

而在领先50强榜单中，中国金融科技继续占据榜首，占据领先50强榜单前五名中的三个，其中蚂蚁金服名列第一，京东金融第二，百度第四；新加坡的Grab是新晋者，位居第三，美国金融科技企业Sofi上升至第五位。

从业务领域方面来看，在《2018年金融科技100强》榜单中，支付公司占主导地位，共有34家，其次是贷款公司22家，财富管理公司14家，保险公司12家。以蚂蚁金服为首的"多领域"金融科技公司（为客户提供广泛金融服务的金融科技公司）占据了榜单的首位。数字银行或"新生代银行"有10家公司上榜,其中Monzo、Number26、Solaris Bank和Starling Bank的首次进入50强[1]。

2018全球金融科技50强(Leading 50)[2]

排名	公司	总部所在地	类别
1	蚂蚁金服(Ant Financial)	中国	支付
2	京东金融(JD Finance)	中国	贷款
3	Grab	新加坡	多样化
4	度小满金融(Du Xiaoman Financial,Baidu Financial)	中国	多样化
5	Sofi	美国	贷款
6	Oscar Health	美国	保险
7	Nubank	巴西	新银行
8	Robinhood	美国	财富管理
9	Atom Bank	英国	新银行
10	陆金所(Lufax)	中国	贷款
11	金融壹账通(One Connnect Financial Technology)	中国	其他
12	51信用卡(51 Credit Card Manager)	中国	财富管理
13	Revolut	英国	支付
14	Compass	美国	支付
15	Stripe	美国	支付
16	Clover Health	美国	保险
17	Adyen	荷兰	支付
18	Policybazaar	印度	保险
19	Klarna	瑞典	支付

1　前瞻网: KPMG发布2018金融科技公司100强榜单: 蚂蚁金服居首 前五名中国占三席
2　KPMG&H2 Ventures : 2018 FinTech100

续表

排名	公司	总部所在地	类别
20	ACORN OakNorth Holdings	英国	贷款
21	Kreditech Holding	德国	贷款
22	Monzo	英国	新银行
23	我来贷(WeLab)	中国	贷款
24	Number26 (N26)	德国	新银行
25	WealthSimple	加拿大	财富管理
26	AfterPay Touch	澳大利亚	财富管理
27	点融(Dianrong)	中国	贷款
28	Viva Republica (Toss)	韩国	支付
29	QUOINE	日本	财富管理
30	Kabbage	美国	贷款
31	Affirm	美国	贷款
32	OurCrowd	以色列	财富管理
33	SolarisBank	德国	新银行
34	Future Finance	爱尔兰	贷款
35	Neyber	英国	财富管理
36	众安保险(ZhongAn)	中国	保险
37	TransferWise	英国	支付
38	Pushpay	新西兰	支付
39	League Inc.	加拿大	保险
40	Circle	美国	支付
41	Lendingkart	印度	贷款
42	Opendoor	美国	支付
43	Metromile	保险	美国
44	Folio	日本	财富管理
45	Lendix	法国	贷款
46	GuiaBolso	巴西	贷款
47	Starling Bank	英国	新银行
48	Coinbase	美国	支付
49	Airwallex	澳大利亚	支付
50	Lemonade	美国	保险

2018 全球金融科技新兴 50 强 (Emerging 50)[1]（按公司首字母排序）

公司	总部所在地	类别
Agri Digital	澳大利亚	支付
Anyfin	瑞典	贷款
Aqeed Technology	阿联酋	保险
Bankera	立陶宛	新银行
Blackmoon Financial Group	俄罗斯	贷款
BlockFi Lending	美国	贷款
Brex	美国	支付
Cashaa	英国	新银行
Cellulant	肯尼亚	支付
Cleo	英国	财富管理
Coya	德国	保险
Crypterium	爱沙尼亚	支付
DAYLI Financial Group	韩国	财富管理
Dreams	瑞典	财富管理
Funding Societies	新加坡	贷款
Geru	巴西	贷款
InstaReM	新加坡	支付
Konfio	墨西哥	贷款
Kredivo	印尼	支付
Kyber Network	新加坡	支付
Liwwa	约旦	财富管理
Look Who's Charging	澳大利亚	其他
MoMo	越南	支付
Nod	澳大利亚	其他

1　KPMG&H2 Ventures : 2018 FinTech100

续表

公司	总部所在地	类别
Omise	泰国	支付
Payr	挪威	支付
PaySense	印度	贷款
PayTabs	巴林	支付
Pleo	丹麦	支付
Plussimple (+Simple)	法国	保险
Polymath	巴巴多斯	支付
Power Ledger	澳大利亚	支付
Pundi X	印度尼西亚	支付
Quantexa	英国	其他
Recordsure	英国	其他
Ripio Credit Network	阿根廷	支付
Shift Technology	法国	其他
Singlife	新加坡	保险
Tala	美国	其他
Tally Technologies	美国	支付
TenX	新加坡	支付
ThisIsMe	南非	其他
Tide	英国	财富管理
老虎证券 (Tiger Brokers)	中国	财富管理
Tpaga	哥伦比亚	支付
Trade Ledger	澳大利亚	贷款
Varo Money	美国	新银行
Wallet.ng	尼日利亚	财富管理
Wave Money	缅甸	支付
微众银行 (WeBank)	中国	新银行

第二章 人工智能的兴起与发展

我们曾经比较过最近非常火爆的几个概念：互联网、人工智能、区块链，发现人工智能的年龄最大，延续时间最长。人工智能的起源是1956年的达特茅斯学院会议，互联网技术的应用可以追溯到1991年出现的万维网（World Wide Web）；区块链技术则是2008年才出现的新生事物。

我们一直在问一个问题，既然人工智能是在1956年就被提出的问题，为什么直到最近几年才真正开始产业人工智能的应用？难道产业界不了解人工智能的用处很大吗？原因是这样的：人工智能在1956年提出以后，学者们都知道它很重要，可是在当时的条件下，做不出像样的东西。直到2012年前后，几位做深度学习的专家才利用基于神经网络的深度学习，做出了有突破性的应用。仅用了二三年的时间，绝大多数人工智能的应用实践几乎都向深度学习投降了，而利用这一方法做出来的成果越来越多，以深度学习为主要标志的人工智能也正在迎来新的伟大复兴。与此同时，谷歌、Facebook、微软、百度和IBM沃森等知名IT跨国公司继续投入巨资并招募领先人才，不断助力该领域发展。工业界和学术界之间的距离逐渐缩短，人工智能初创企业正在大量兴起。

在金融科技领域，美银美林估计，2020年，全球机器人和人工智能市场规模将达1,530亿美元。2018年9月17—19日在上海举行的"2018世界人工智能大会"（WAIC 2018），以"人工智能赋能新时代"为主题，并将"AI+金融"列为构筑未来生活的七大应用场景之首[1]。

第一节 人工智能的兴起和历史沿革

人类对于人工智能的期待由来已久，但公认的人工智能诞生时间和标志性事件则是1956年召开的达特茅斯学院会议。回顾人工智能从诞生到爆发的60多年发展历程，我们发现，人工智能大致经历了三次浪潮，在三次浪潮中包括了两次"黄金时代"和两次"低谷"。这三次

---

[1] 本次大会所展示的七大应用场景分别是：AI+金融、AI+智造、AI+教育、AI+交通、AI+健康、AI+零售、AI+服务。

浪潮中的高潮和低谷，都是伴随着人工智能技术本身的发展和社会对于人工智能技术的认可而产生的。

一、人工智能概念的提出

什么是人工智能？这是个困扰产业界和学术界良久的话题，也是我们关注和研究人工智能在金融领域应用的起点[1]。

要想回答这个问题并不是一件容易的事情，因为人工智能发展的时间很长，有很多研究目标和途径，各种思想很多。在相当长的时间里，这个学科在研究人是如何思考的。

人工智能著名教科书的作者 Stuart J.Russell 和 Peter Norvig 曾说过："我们自称为智人，因为我们的智力对我们非常重要。我们一直在理解我们是如何思考的，如何依靠每天吃一点点东西，就能感知、理解、预测、操纵远远大于我们本身也远远复杂于我们的本身的世界。"在这个领域中思考的人越多，观点就越复杂，定义就越难给出。

艾伦·图灵虽然没有对其提出的会思考的机器给出明确定义，但是他却设计了一个沿用至今并令人称赞的图灵测试。约翰·麦卡锡为

---

[1] 为了便于读者阅读，我们曾在第一章第二节中对人工智能的定义做出过简要表述，这里再次进行系统的介绍。

了召开1956年夏季达特茅斯学院座谈会，在写给洛克菲勒基金会的研究计划上说："这项研究是基于这样猜想进行的，学习的每个方面或任何其他智能特征，原则上都可以被精确地描述，以便机器可以模拟它。这个研究将尝试找到如何使机器使用语言，形成抽象和概念，解决现在为人类保留的各种问题，并改进自己"。

如果以"像人一样思考，像人一样行动，合理的思考，合理的行动"四个象限为视角，人工智能会有8个定义。分别是：

1. 使计算机思考的令人激动的新成就，有头脑的机器；

2. 与人类思维相关的活动，如决策、问题求解、学习等活动的自动化；

3. 创造能执行一些功能的机器的技艺，当有人来执行这些功能时需要技能；

4. 研究如何使计算机能做那些目前人比计算机更擅长的事情；

5. 通过使用计算模型来研究智力；

6. 使感知、推理和行动成为可能的计算的研究；

7. 计算智能研究智能AGENT的设计；

8. 人工智能关心人工制品中的智能行为。

如果从计算机的功能延伸，应该在6个不同的领域让科学家花费无数的时间，让计算机从一台傻设备，变成一个有人类灵性的新物种。

这6个方面包括：自然语言处理、机器视觉、知识表示、自动推理、机器学习、机器人学。

朱松纯将"知识表示"和"自动推理"合并为"认知与推理"，又增加了"博弈与伦理"。所以研究的范畴变成：

1.计算机视觉（暂且把模式识别，图像处理等问题归入其中）；

2.自然语言理解与交流（暂且把语音识别、合成归入其中，包括对话）；

3.认知与推理（包含各种物理和社会常识）；

4.机器人学（机械、控制、设计、运动规划、任务规划等）；

5.博弈与伦理（多代理人agents的交互、对抗与合作，机器人与社会融合等议题）；

6.机器学习（各种统计的建模、分析工具和计算的方法）。

从学科上看，人工智能起步于对人类智能的研究，在数学上实现了突破，得益于计算机技术和互联网技术的辅助，曾经一度成为计算机的一个分支，终于形成了独立的学科。

二、人工智能两个创始人的故事

艾伦·图灵

艾伦·图灵生于1912年6月23日,逝世于1954年6月7日。尽管在世的时间不到42年,但图灵的一生可谓崎岖坎坷,有过巅峰时的万众瞩目,也有过失意时期遭受政府不人道的判决和世俗的唾弃。他是剑桥大学和普林斯顿大学毕业的高材生,是计算机逻辑的奠基者,许多人工智能的重要方法也源自于他。他提出了重要的衡量标准"图灵测试",如果有机器能够通过图灵测试,那它就是一个完全意义上的智能机,和人没有区别了。他让计算机从"概念"里走出来,走进了现今社会中,为科技的发展做出了不可估量的贡献。他也被指控有同性恋倾向,不得不接受"化学阉割",最终在世人冷酷的目光中,以咬下含有氰化物的苹果这样一种令人扼腕的方式结束了一生。据说这一行为后来成为了苹果公司Logo的设计灵感来源。

1950年10月,图灵发表论文《机器能思考吗?》这一划时代的作品,奠定了他在这一领域的崇高的地位。1966年,美国计算机学会设立"图灵奖",被称为计算机科学界的诺贝尔奖。该奖项最早的赞助者是贝尔实验室,奖金只有几千美金;后来Intel接手,奖金提高至25万美金;2014年谷歌加入,奖金随之提高到100万美金。也有业界人士戏称，苹果公司最应该成为"图灵奖"的赞助人。

约翰·麦卡锡

约翰·麦卡锡之所以也被称作"人工智能之父"，是由于他于1955年在筹备达特茅斯会议写的建议书中提出"人工智能"（Artificial Intelligence）一词并得到学界公认。约翰·麦卡锡1927年生于美国波士顿。青少年时的约翰·麦卡锡聪慧过人，初中时他根据一份加州理工大学的课程目录自学完大学低年级微积分课程，也因此在1944年上大学时可以免修头两年的大学数学，之后去普林斯顿大学研究生院继续深造。1948年9月，普林斯顿大学主办了"行为的大脑机制西克森研讨会"，计算机大师冯·诺依曼在会议上发布了一篇关于自复制自动机的论文。这次报告激发了当时还是普林斯顿数学博士生麦卡锡的研究兴趣，他敏锐地将机器智能与人的智能联系起来，打算从事更深入的研究。第二年，麦卡锡幸运地与冯·诺依曼一起工作，在大师的鼓励和支持下，麦卡锡决定从在机器上模拟人的智能入手，主要研究方向定为计算机下棋。此后，为了减少计算机需要考虑的棋步，麦卡锡发明了著名的 α-β 搜索法，这一关键问题的解决有效减少了计算量，至今仍是解决人工智能问题中一种常用的高效方法。1952年，麦卡锡认识了贝尔实验室的香农（信息论创始人），经过对人工智能方面的若干深入探讨，他们萌生召开一次研讨会的共识（即达特茅斯会议）。

约翰·麦卡锡还是LISP语言和分时概念的创始人。1958年，麦卡锡组建了世界上第一个人工智能实验室。同年，麦卡锡发明了LISP语言，这是人工智能界第一个最广泛流行的语言，至今仍有着广泛应用。LISP语言与后来由1973年实现的逻辑式语言PROLOG并称为人工智能的两大语言。麦卡锡另一个卓越贡献是1960年左右第一次提出将计算机批处理方式改造成分时方式，这使得计算机能同时允许数十甚至上百用户使用，极大地推动了接下来的人工智能研究。他的研究成果最终实现了世界上最早的分时系统——基于IBM7094的CTSS和其后的MULTICS。

2011年10月24日，约翰·麦卡锡与世长辞，享年84岁。

三、人工智能发展的"三次浪潮"

1. 第一次浪潮（1956—1980）：人工智能诞生并快速发展

1956年8月，在美国汉诺斯小镇宁静的达特茅斯学院中召开了一场后来被一致认为是人工智能起源的学术研讨会，与会专家们围绕"用机器来模仿人类学习以及其他方面的智能"这一主题展开了为期两个月的讨论，尽管会议没有达成普遍的共识，但是却为会议讨论起了一个个名字："人工智能"。这一事件标志着人工智能的诞生，1956年也被视为"人工智能元年"；参加本次会议的摩尔(Trenchard More)、麦卡锡(John McCarthy)、明斯基(Marvin Minsky)、塞弗里奇(Oliver Selfridge)、所罗门诺夫(Solomonoff)作为人工智能领域的开创者，日后数十年间成为了研究人工智能领域的领军人物。

这其中，马文·明斯基(Marvin Minsky)于1969年成为了第一位获得图灵奖的人工智能学者。他同样被誉为"人工智能之父"，是虚拟现实的最早倡导者，也是世界上第一个人工智能实验室——MIT人工智能实验室的联合创始人。

1927年8月，马文·明斯基出生于美国纽约，有时被亲切地称为"老明斯基"。1951年，他搭建了第一个随机连接（randomly wired）神经网络学习机，并将之命名为Snarc。1975年他首创框架理论（frame theory）。框架理论的核心是以框架这种形式来表示知识。框架的顶层是固定的，表示固定的概念、对象或事件。下层由若干槽（slot）组成，其中可填入具体值，以描述具体事物特征。每个槽可有若干侧面（facet），对槽做附加说明，如槽的取值范围、求值方法等。这样，框架就可以包含各种各样的信息，例如描述事物的信息，如何使用框架的信息，对下一步发生什么的期望，期望如果没有发生该怎么办等。

利用多个有一定关联的框架组成框架系统,就可以完整而确切地把知识表示出来。

明斯基还把人工智能技术和机器人技术结合起来,开发出了世界上最早的能够模拟人活动的机器人Robot C,使机器人技术跃上了一个新台阶。同时,他也是"虚拟现实"(virtual reality)的倡导者。2016年1月24日,马文·明斯基与世长辞。

在达特茅斯会议之后的数十年间,人工智能迎来了高速发展。计算机解决了一些数学证明以及学习使用英语等问题,人工智能的快速发展使得研究人员乐观情绪高涨,认为具备人类思考能力的机器在不久的将来就会出现。与此同时,国防机构也对人工智能兴趣浓厚,对这一领域投入大量资金,希望获得军事上的领先。在这一时期研究成果呈井喷态势涌现。

1956年IBM小组设计了一个具有自学习、自组织、自适应能力的西洋跳棋程序,这个程序可以像一个优秀棋手那样,向前看几步来下棋,它还能学习棋谱,在分析大约175000幅不同棋局后,可进行棋局走步预测,准确度达48%。这是机器模拟人类学习过程中卓有成就的探索。1959年这个程序曾战胜设计者本人,1962年还击败了美国一个州的跳棋大师。

1957年纽厄尔和赫伯特·西蒙等人的心理学小组编制出一个称为

逻辑理论机 LT (The Logic Theory Machine) 的数学定理证明程序，这是世界上第一个人工智能程序，有能力证明罗素和怀特海《数学原理》第二章中的 38 个定理。1958 年在 MIT 小组的麦卡锡 (Mccarthy) 建立的行动计划咨询系统以及 1960 年明斯基 (Minsky) 的论文《走向人工智能的步骤》，对人工智能的发展都起了积极的推动作用。1959 年麦卡锡发明的函数式处理语言 LISP，成为人工智能程序设计的主要语言，长期垄断人工智能领域的应用开发，至今仍被广泛采用。1961 年，第一台工业机器人开始在新泽西州通用汽车工厂的生产线上工作。介于以上卓越的成果和人工智能整个领域的快速发展，1965 年，赫伯特·西蒙 (Herbert Simon) 预测 20 年内计算机将能够取代人类智力。同年诞生了历史上第一个专家系统，费根鲍姆 (Edward Feigenbaum)、布鲁斯·布坎南 (Bruce G.Buchanan)、莱德伯格 (Joshua Lederberg) 和卡尔·杰拉西 (Carl Djerassi) 在斯坦福大学研究的 DENDRAL 系统，使有机化学的决策过程和问题解决自动化。而后，机器人也开始出现，日本早稻田大学在 1970 年造出第一个人形状机器人 WABOT-1。这些早期成果，充分表明人工智能作为一门新兴学科正在茁壮成长[1]。因此，1956—1970 年间被认为是人工智能发展的第一个"黄金时代"。

1　东北证券：人工智能发展史及算法介绍

人工智能的第一次低谷出现在1970—1980年间。人工智能技术在经历了近20年的高速发展后,迎来了技术发展的第一次重大瓶颈和低谷期。研究者发现,即使是最尖端的人工智能程序也只能解决他们尝试解决的问题中的最简单的一部分。人工智能还遭遇了以下一些问题:

只依靠简单的结构变化无法扩大化以达到目标(Simple syntactic manipulation cannot scale)。美国国家研究署尝试用自动化翻译加速翻译俄语论文。一开始他们认为通过简单的词语替换和句子结构的修改就可以达到足够高的可读程度,但是后来他们发现,单词的意思与前后文紧紧关联,而多义词的解释则需要对背景知识的了解。毫无疑问,这次尝试失败了。

存储空间和计算能力的严重不足。例如,Ross Quillian的自然语言处理程序只包括20个单词,因为这是存储的上限。

指数级别攀升的计算复杂性。1972年Richard Karp的研究表明,许多问题只能在指数级别的时间内获解,即计算时间与输入的规模的幂成正比。

缺乏基本知识和推理能力。研究者发现,就算是对儿童而言的常识,对程序来说也是巨量信息。20世纪70年代没有人建立过这种规模的数据库,也没人知道怎么让程序进行学习。

Moravec悖论。一些人类觉得复杂的问题,如几何证明,对机器而言十分简单。但人的很基本技能，如人脸识别，对机器而言却是一个巨大的挑战。这也是20世纪70年代机器人和视觉识别发展缓慢的原因。

随着人工智能发展遭遇瓶颈，资金纷纷抛弃人工智能领域。由于项目失败等原因，DARPA也终止了对MIT的拨款。到了20世纪70年代中期，人工智能项目已经很难找到资金支持了[1]。

第一次浪潮前及第一次浪潮期间重大事件[2]：

时间	重大事件
1950年	艾伦·图灵(Alan Turing)发表《计算机械与智力》一文，系统性提出了甄别机器是否具有人类智能的"图灵测试"方法
1951年	马文·明斯基(Marvin Minsky)和迪恩·爱德蒙(Dean Edmunds)用3000个真空管来模拟40个神经元规模的网络建立了人类历史上第一个人工神经网络
1952年	阿瑟·萨缪尔(Arthur Samuel)开发第一个计算机跳棋程序和第一个具有学习能力的计算机程序
1955年	"人工智能"(artificial intelligence)一词在一份由约翰·麦卡锡(达特茅斯学院)、马文·明斯基(哈佛大学)、纳撒尼尔·罗彻斯特(IBM)和克劳德·香农(贝尔实验室)联合递交的关于召开国际人工智能会议的提案中被首次提出
1955年	赫伯特·西蒙(Herbert Simon)和艾伦·纽厄尔(Allen Newell)开发出世界上第一个人工智能程序"逻辑理论家"，证明了罗素和怀特海《数学原理》第二章中的38个定理
1956年	达特茅斯会议召开，人工智能概念的正式确立

1　国信证券：人工智能翻开从1到N的新篇章
2　根据东北证券：人工智能发展史及算法介绍

1957年	弗兰克·罗森布拉特(Frank Rosenblatt)开发出基于两层计算机网络能够进行模式识别的神经网络系统"Perceptron"
1958年	约翰·麦卡锡(John McCarthy)开发编程语言LISP，成为人工智能研究中最流行的编程语言
1959年	约翰·麦卡锡(John McCarthy)发表《Programs with Common Sense》，提出"Advice Taker"概念，这个假想程序可以被看成是第一个完整的人工智能系统
1961年	第一台工业机器人Unimate开始在新泽西州通用汽车工厂的生产线上工作
1964年	丹尼尔·鲍勃罗(Daniel Bobrow)在完成了他的麻省理工博士论文同时开发了自然语言理解程序"STUDENT"
1965年	斯坦福大学研究出历史上第一个专家系统DENDRAL系统，能够使有机化学的决策过程和问题解决自动化
1969年	阿瑟·布莱森(Arthur Bryson)和何毓琦(Yu-Chi Ho)描述了反向传播作为一种多阶段动态系统优化方法，可用于多层人工神经网络
1970年	日本早稻田大学造出第一个人形状机器人WABOT-1
1972年	斯坦福大学开发出名为"MYCIN"的专家系统，能够利用人工智能识别感染细菌，并推荐应采用的抗生素
1973年	詹姆斯·莱特希尔(James Lighthill)在给英国科学研究委员会的报告中对人工智能持悲观态度，政府大幅度削减对人工智能研究的资金支持

2. 第二次浪潮（1980—1997）：人工智能开始产业化

人工智能在经历了十年左右的低谷期后，于1980年迎来了它的第二个黄金年代，这一阶段一直持续到1987年。1980年，卡耐基梅隆大学为DEC公司制造了一个专家系统R1。这个系统从1982年到1988年平均每年为公司节约4000万美元，取得了巨大的成功，其他公司和高校等研究机构纷纷效仿，重燃了整个社会对人工智能的信心。1981年，日本"新一代计算机技术研究所"提出研发具有人工智能的第五代计算机,是第二个黄金年代的另外一个重要标志。这一研究项目总投资预算达到8.5亿美元,并且组织富士通、夏普等著名企业提供配合。很多其他国家也启动类似计划,投入大量资金进入人工智能领域,用于开发第五代计算机,当时称为"人工智能计算机"。1983年,英国开始了预算为3.5亿英镑的Alvey工程,关注大规模集成电路、人工智能、软件工程、人机交互(包含自然语言处理)以及系统架构。在美国,DRAPA组织了战略计算促进会,年投资额在四年内增长了2倍;而在准将Bobby Ray Inman的领导下,一群美国的计算机和半导体厂商组成的MCC(Microelectronics and Computer Technology Corporation,微电子与计算机技术集团)财团,在系统架构设计、芯片组装、硬件工程、分布式技术、智慧系统等方向发力。在这个时期内,算法也得到了突破性的进展。1982年,John Hopfield证明Hopfield网络可以学习并处理信息,David Rumelhart则提出了反向传播算法。它们和1986年发表的分布式处理的论文一起,为20世纪90年代神经网络的商业化打下了坚实的基础[1]。

1987年到1997年,人工智能的发展陷入第二次低谷。主要原因有两个,一是个人计算机的出现冲击了专家系统,二是"人工智能计算

---

[1] 国信证券:人工智能翻开从1到N的新篇章

机"研发的失败[1]。

  随着专家系统的不断发展，复杂度的快速提升，基于知识库和推理机的专家系统显示出了让人不安的一面：难以升级扩展，鲁棒性不够，直接导致高昂的维护成本，政府进一步削减了人工智能研究经费。20世纪80年代末期，由于人工智能的项目成果不明朗，DARPA大幅削减了对人工智能的资金支持。1991年，英国政府发布Alvey工程的最终报告指明，Alvey工程达到了其设定的技术目标，但是并没有提升英国在信息技术市场的竞争力。报告将原因归结为"资本的短缺和管理运营的低效率"。Alvey工程主管Brain Oklay指出，信息技术工业应更注重培训、市场推广和研究成果的商业化。他抱怨日本的低利率让高科技公司可以开发低毛利产品，而英国的高利率却阻止了公司这么做。尽管英国觉得日本的计划更为成功，但1992年6月，日本政府宣布向全世界公开第五代计算机项目所开发的软件，允许任何人免费使用，这标志着日本雄心勃勃的第五代计算机项目的失败。第五代计算机项目并没有带来人工智能的突破，甚至有人说，第五代计算机项目的最大收获其实是项目的副产物：训练了成百上千名计算机领域的专家。该项目的失败有多重原因，一般认为，通用型微型机对专用型大

---

1 东北证券：人工智能发展史及算法介绍

型机的冲击及项目研发成果缺乏商业化场景是项目失败的重要原因[1]。当时苹果、IBM 开发的第一代个人计算机开始走向社会，价格低廉，迅速挤占了专家系统的市场，导致专家系统的需求急剧下滑。

第二次浪潮期间的重大事件[2]：

时间	重大事件
1980年	日本早稻田大学研制出 Wabot-2 机器人，能够与人沟通、阅读乐谱并演奏电子琴
1980年	卡耐基梅隆大学为 DEC 公司制造了一个专家系统 RI，根据用户需求为计算机自动选择组件
1981年	日本"新一代计算机技术研究所"(ICOT)提出研发具有人工智能的第五代计算机，并获得日本通产省 8.5 亿美元的经费支持。英美等国家也投入巨资研发第五代计算机
1982年	约翰·霍普菲尔德(John Hopfield)在 1982 年发明一种能够模拟人类记忆的循环神经网络——Hopfield 神经网络
1984年	罗杰·单克(Roger Schank)和马文·明斯基(Marvin Minsky)在年度 AAAI 会议上警告"AI 之冬"即将到来
1986年	恩斯特·迪克曼斯(Ernst Dickmanns)指导建造第一辆无人驾驶奔驰汽车
1986年	鲁梅尔哈特(Rumelhart)和麦克利兰(McClelland)等科学家提出了 BP(back propagation)神经网络，证明了明斯基关于多层网络不存在有效学习方法的论断是错误的

---

1 国信证券：人工智能翻开从 1 到 N 的新篇章
2 根据东北证券：人工智能发展史及算法介绍研究报告汇总整理

1988年	罗洛·卡彭特(Rollo Carpenter)开发了聊天机器人Jabberwacky，能够模仿人进行幽默的聊天。这是人工智能与人类交互的最早尝试
1989年	燕乐存(Yann LeCun)和贝尔实验室的其他研究人员成功将反向传播算法应用在多层神经网络，实现手写邮编的识别
1991年	德国学者Sepp Hochreiter第一次清晰的提出梯度消失问题并阐明原因。从输出层反向传播时，每经过一层，梯度衰减速度极快，学习速度变得极慢，神经网络很容易停滞于局部最优。同时，算法训练时间过长会出现过度拟合(overfit)，把噪音当成有效信号
1993年	弗农·温格(Vernor Vinge)发表了《The Coming Technological Singularity》。认为三十年之内人类就会拥有打造超人类智能的技术。不久之后人类时代将迎来终结
1997年	赛普·霍克赖特(Sepp Hochreiter)和于尔根·施密德胡伯(Jürgen Schmidhuber)提出长短期记忆人工神经网络(LSTM)概念。这一概念指导下的递归神经网络在今日手写识别和语音识别中得到应用

3. 第三次浪潮（1997—至今）：人工智能迎来爆发

进入20世纪90年代中期，人工智能再次迎来了爆发式发展。1997年5月11日，IBM制造的超级计算机深蓝(Deep Blue)，在经过多轮较量后，击败了国际象棋世界冠军Garry Kasparov。尽管不乏IBM作弊的声音，但这个事件标志着人工智能的研究到达了一个新的高度，也给人工智能做了一次大规模的宣传。2000年后，随着大数据的普及、深度学习算法的完善、硬件效能的提高，人工智能的应用领域变得更广，应用程度也变得更深，其中标志性的事件就是Google旗下DeepMind公司开发的三代Alphago人工智能围棋程序分别战胜了职业棋手樊麾、李世石和柯洁。2015年10月，Alphago第一代版本Alphago FAN击败樊麾，成为第一个无需让子即可在19路棋盘上击败围棋职业棋手的电脑围棋程序。此时的Alphago由于其对阵棋手的水平还不算太高，从而受到很多专业人士的质疑。谷歌公布的相关资料显示，该版本的Alphago采用了分布式模式，共使用了1202块CPU及176块GPU，与Zen、Crazy Stone等之前的围棋软件相比，棋力要高出4子。2016年3月，Alphago第二代版本Alphago Lee在韩国首尔举行的五番棋比赛中，以4:1击败尖端职业棋手李世石，一举打消世人所有质疑。此时的Alphago和上代相同，也是分布式结构的，它使用了谷歌位于美国的云计算服务器，并通过光缆网络连接到韩国，据测算，与上一代版本相比它的棋力还要再高出3子。2017年5月，Alphago第二代版本Alphago Master在乌镇围棋峰会上经过3小时38分钟的鏖战，战胜了当时世界排名第一的中国围棋选手柯洁，而Alphago之父、DeepMind创始人戴密斯·哈萨比斯(Demis Hassabis)也宣布Alphago将就此退役，并将在之后奉送此次三番棋对决的分析视频和50盘Alphago自我对战棋局来推动围棋运动的发展[1]。

这里我们不得不花一些篇幅来简单了解一下Alphago之父、

---

1 兴业证券：Alphago 三胜柯洁，人工智能进化几何

DeepMind 创始人戴密斯·哈萨比斯(Demis Hassabis)。哈萨比斯出生于 1976 年，父亲有着希腊和塞浦路斯血统，而母亲则出生于新加坡的华人家庭。他是家里三名孩子的老大。作为教师，他的父母也曾拥有一家玩具店。哈萨比斯的妹妹是一名作曲家和钢琴演奏家，而弟弟则专注于创造性写作。科技并不是家中的主旋律，以至于他自己曾在一次采访表示："很明显，我就是家中的那只黑天鹅[1]。"他有着广泛的兴趣，从棋盘游戏、电子游戏、计算机编程，直到认知神经科学和人工智能。哈萨比斯 8 岁时就编写了自己的计算机游戏，13 岁时获得了国际象棋大师的称号，17 岁时开发了首款引入人工智能元素的电子游戏《主题公园》，20 岁时在剑桥大学计算机科学系获得了两门学科优等成绩，不久后创建了自己的电子游戏公司 Elixir，并完成了关于大脑海马体和情景记忆的前沿性学术研究，最终于 2011 年创立了 DeepMind。2016 年最具标志性的事件就是 DeepMind 公司的 Alphago 战胜了人类围棋冠军李世石。2017 年，DeepMind 公司的 Alphago ZERO 又在 40 多天时间里，用 RL（增强对抗学习）的算法横扫了以前的所有 Alphago 版本。自此，人类围棋选手彻底放弃了对机器复仇的愿望，成为围棋竞赛的看客。

1　哈萨比斯：创造性和直觉很重要，https://blog.csdn.net/u013521220/article/details/62044154

第三次浪潮期间的重大事件[1]：

时间	重大事件
1997年	IBM研发的"深蓝"(Deep Blue)成为第一个击败人类象棋冠军的电脑程序
1998年	燕乐存(Yann LeCun)和约书亚·本吉奥(Yoshua Bengio)发表了关于神经网络应用于手写识别和优化反向传播的论文
2000年	MIT的西蒂亚·布雷泽尔(Cynthia Breazeal)打造了Kismet，一款可以识别和模拟人类情绪的机器人
2001年	斯皮尔伯格的电影《人工智能》上映。电影讲述了一个儿童机器人企图融入人类世界的故事，引发社会对人类与人工智能关系的关注
2006年	Hinton在神经网络的深度学习领域取得突破，人类又一次看到机器赶超人类的希望，也是标志性的技术进步
2007年	李飞飞(Fei-Fei Li)和普林斯顿大学的同事开始建立ImageNet。这是一个大型注释图像数据库，旨在帮助视觉对象识别软件进行研究
2009年	谷歌开始秘密研发无人驾驶汽车。2014年，谷歌汽车在内华达州通过自动驾驶汽车测试
2009年	斯坦福大学的Rajat Raina和吴恩达(Andrew Ng)合作发表论文《用GPU大规模无监督深度学习》，认为运行在GPU上的神经网络比CPU快数倍
2010年	瑞士学者Dan Ciresan和合作者发表论文《Deep big simple neural nets excel on handwritten digit recognition》，在GPU上实现反向传播计算方法，速度比传统CPU快了40倍
2012年	2012年斯坦福大学研究生黎越国领衔，和他的导师吴恩达，以及众多谷歌的科学家联合发表论文《用大规模无监督学习建造高层次特征》。黎越国的文章中使用了九层神经网络，网络的参数数量高达10亿，是Ciresan 2010年论文中的模型的100倍，是2009年Raina论文模型的10倍。而人的脑皮层接近150万亿神经突触，是黎越国模型参数数量的10万倍
2016年	DeepMind开发的Alphago Lee击败前世界围棋冠军李世石
2017年	DeepMind开发的Alphago Master击败世界排名第一的中国棋手柯洁
2018年	世界人工智能大会在中国上海召开

---

1 根据东北证券：人工智能发展史及算法介绍、中国信通院：2018年世界人工智能产业发展白皮书等研究报告整理汇总

第二节 人工智能技术基础

谈起人工智能，我们经常会听到机器学习、深度学习、神经网络、卷积神经网络、GPU、机器视觉、生物识别、自然语言处理（NLP）、语音语义、知识图谱、支持向量机、贝叶斯定理、监督学习、无监督学习等专业术语，作为非人工智能专业的读者，往往会陷入一团浆糊之中。究其原因，是由于人工智能技术属于前沿交叉学科，本身所涉及的领域和层次太多，算法、算力、具体技术和场景需要区别开来梳理。

一、人工智能的研究领域及分层

人工智能研究的领域主要有五层，最底层是基础设施建设，包含数据和计算能力两部分，数据越大，人工智能的能力越强。往上一层为算法，如卷积神经网络、LSTM序列学习、Q-Learning、深度学习等算法，都是机器学习的算法。第三层为重要的技术方向和问题，如计算机视觉、语音工程、自然语言处理等。还有另外的一些类似决策系统，像reinforcement learning（增强学习），或像一些大数据分析的统计系统，这些都能在机器学习算法上产生。第四层为具体的技术，如图像识别、语音识别、机器翻译等。最顶端为行业的解决方案，如人工智能在金融、医疗、互联网、交通和游戏等方面的应用，这是我们所关心的它能带来的价值。具体的分层体系如下图所示[1]：

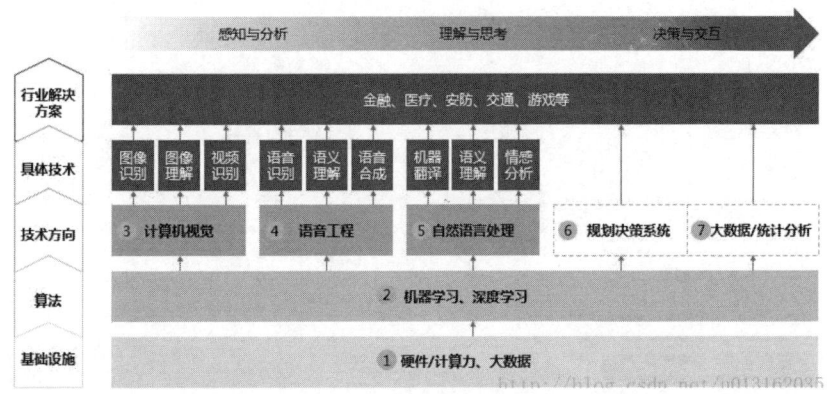

二、人工智能的技术体系

更进一步，我们可以将上述五个层次的研究领域做细分梳理如下[2]：

---

1 《人工智能杂记》人工智能简史, https://blog.csdn.net/u013162035/article/details/79535577
2 根据资料整理汇总

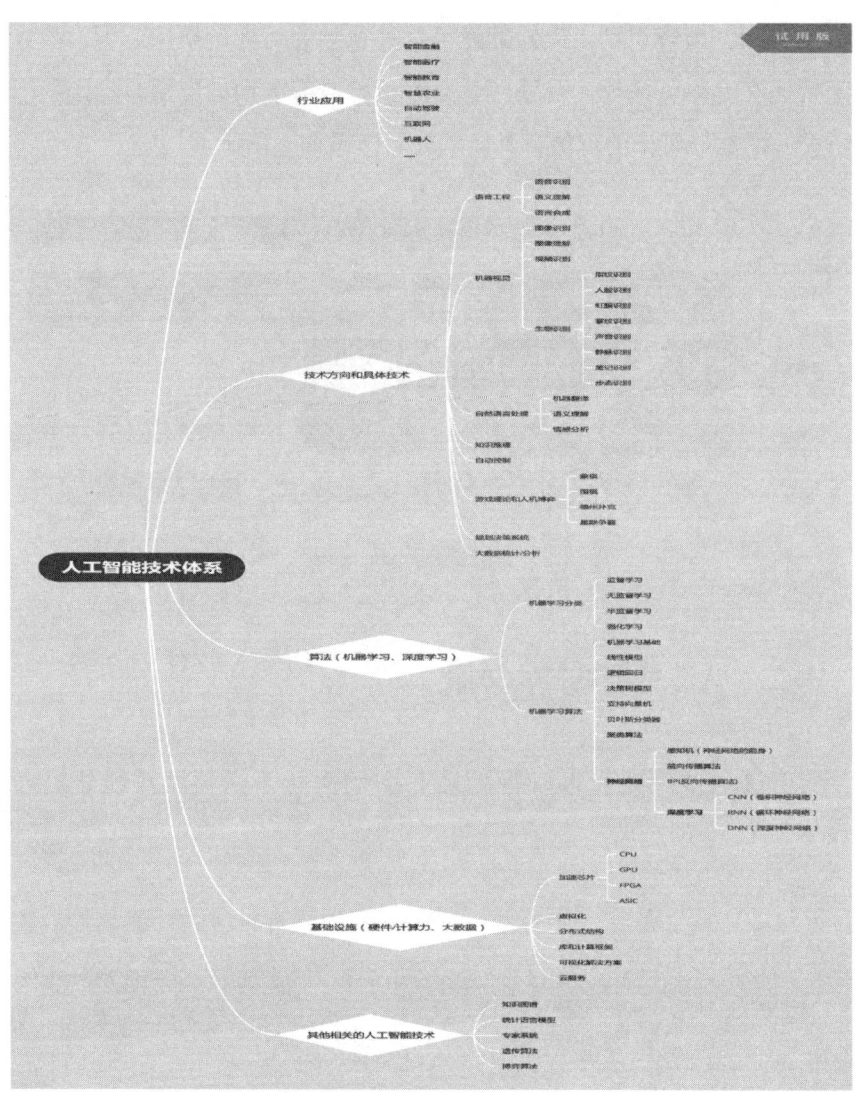

我们从算法层面和技术层面挑选部分比较典型的技术原理做些介绍：

（一）算法层面：机器学习

机器学习指的是计算机系统无须遵照显式的程序指令，而只依靠数据来提升自身性能的能力。其核心在于，机器学习是从数据中自动发现模式，模式一旦被发现便可用于预测。比如，给予机器学习系统一个关于交易时间、商家、地点、价格及交易是否正当等信用卡交易信息的数据库，系统就会学习到可用来预测信用卡欺诈的模式。处理的交易数据越多，预测就会越准确。

1. 机器学习的分类

（1）监督学习（Supervised learning）

监督学习是机器学习中的一个方法，可以由训练资料中学到或建立一个模式（learning model），并依此模式推测新的实例。监督学习可以被形象地比喻成高中生刷题。在有了基本规则以后，为了提高分数，高中生要大量刷题。每一道题都有标准答案，都有老师判卷（标签数据输入）。机器学习的监督学习训练资料是由输入物件（通常是向量）和预期输出所组成。函数的输出可以是一个连续的值（称为回归分析），或是预测一个分类标签（称作分类）。一个监督式学习者的任务是在观察完一些训练范例（输入和预期输出）后，去预测这个函数对任何可能出现的输入的值的输出。要达到此目的，学习者必须以"合理"（见归纳偏向）的方式从现有的资料中一般化到非观察到的情况。在人类和动物感知中，则通常被称为概念学习（concept learning）。监督式学习有两种形态的模型。最一般的，监督式学习产生一个全域模型，会将输入物件对应到预期输出。而另一种，则是将这种对应实作于一个区域模型（如案例推论及最近邻居法）。为了解决一个给定的监督式学习的问题（手写辨识），必须考虑以下步骤：

决定训练资料的范例的形态。在做其他事前，工程师应决定要使用哪种资料为范例。譬如一个手写字符，或一整个手写的词汇，或一行手写文字。

搜集训练资料。这类资料需要具有真实世界的特征。所以，可以由人类专家或（机器或传感器的）测量中得到输入物件和其相对应输出。

决定学习函数的输入特征的表示法。学习函数的准确度与输入的物件如何表示有很大的关联度。传统上，输入的物件会被转成一个特征向量，包含了许多关于描述物件的特征。因为维数灾难的关系，特征的个数不宜太多，但也要足够大，才能准确地预测输出。

决定要学习的函数和其对应的学习算法所使用的数据结构。譬如，工程师可能选择人工神经网络和决策树。

完成设计。工程师接着在搜集到的资料上跑学习算法，可以借由将资料跑在资料的子集（称为验证集）或交叉验证（cross-validation）上来调整学习算法的参数。参数调整后，算法可以运行在不同于训练集的测试集上。

另外，监督式学习所使用的词汇是分类。现有的各式分类器，各自都有强项或弱项。分类器的表现很大程度上与要被分类的资料特性有关，并没有某一单一分类器可以在所有给定的问题上都表现得最好，这被称为"天下没有白吃的午餐"理论。各式的经验法则被用来比较分类器的表现及寻找会决定分类器表现的资料特性。决定适合某一问题的分类器仍旧是一项艺术，而非科学。

目前最广泛使用的分类器有人工神经网络、支持向量机、最近邻居法、高斯混合模型、朴素贝叶斯方法、决策树和径向基函数分类[1]。

（2）无监督学习（Unsupervised Learning）

无监督学习是人工智能网络的一种算法，其目的是对原始资料进行分类，以便了解资料内部结构。这可以比喻成一个被关在图书馆里的学者，通过自己的学习，搞懂了很多事。这期间他不刷题，也没有

1　机器学习中的有监督学习，无监督学习，半监督学习，https://blog.csdn.net/wenyusuran/article/details/26455995

标准答案。他把知识进行分类，有目的地识别、了解它们。有别于监督式学习网络，无监督式学习网络在学习时并不知道其分类结果是否正确，亦即没有受到监督式增强（告诉它何种学习是正确的）。其特点是仅对此种网络提供输入范例，而它会自动从这些范例中找出其潜在的类别规则。学习完毕并经测试后，也可以将之应用到新的案例上。

无监督学习里典型的例子就是聚类了。聚类的目的在于把相似的东西聚在一起，而我们并不关心这一类是什么。因此，一个聚类算法通常只需要知道如何计算相似度就可以开始工作了。

（3）半监督学习(Semi-supervised learning)

半监督学习的基本思想是利用数据分布上的模型假设，建立学习器对未标签样本进行标签。

它可以形式化描述为：

给定一个来自某未知分布的样本集$S=L \cup U$，其中L是已标签样本集$L=\{(x1,y1),(x2,y2),\cdots,(x|L|,y|L|)\}$，U是一个未标签样本集$U=\{x'1,x'2,\cdots,x'|U|\}$，希望得到函数$f:X \rightarrow Y$可以准确地对样本x预测其标签y。这个函数可能是参数的，如最大似然法；可能是非参数的，如最邻近法、神经网络法、支持向量机法等；也可能是非数值的，如决策树分类。其中，x与x'均为d维向量，$yi \in Y$为样本xi的标签，|L|和|U|分别为L和U的大小，即所包含的样本数。半监督学习就是

在样本集S上寻找最优的学习器。如何综合利用已标签样例和未标签样例，是半监督学习需要解决的问题。

半监督学习问题从样本的角度而言是利用少量标注样本和大量未标注样本进行机器学习，从概率学习角度可理解为研究如何利用训练样本的输入边缘概率P(x)和条件输出概率P(y|x)的联系设计具有良好性能的分类器。这种联系的存在是建立在某些假设的基础上的，即聚类假设(cluster assumption)和流形假设(maniford assumption)。

（4）强化学习（reinforcement learning）

强化学习是机器学习中的一个领域，强调如何基于环境而行动，以取得最大化的预期利益。其灵感来源于心理学中的行为主义理论，即有机体如何在环境给予的奖励或惩罚的刺激下，逐步形成对刺激的预期，产生能获得最大利益的习惯性行为。这个方法具有普适性，因此在其他许多领域都有研究，例如博弈论、控制论、运筹学、信息论、仿真优化、多主体系统学习、群体智能、统计学以及遗传算法等。在运筹学和控制理论研究的语境下，强化学习被称作"近似动态规划"（Approximate dynamic programming，ADP）。在最优控制理论中也有研究这个问题，虽然大部分的研究是关于最优解的存在和特性，并非是学习或者近似方面。在经济学和博弈论中，强化学习被用来解释在有限理性的条件下如何出现平衡[1]。

在这种学习模式下,输入数据作为对模型的反馈,不像监督模型那样,仅仅是作为一个检查模型对错的方式。在强化学习中,输入数据直接反馈到模型,模型必须对此立刻做出调整。常见的应用场景包括动态系统以及机器人控制等。常见算法包括Q-Learning以及时间差学习(Temporal difference learning)。

在企业数据应用的场景下,人们最常用的可能就是监督式学习和非监督式学习的模型。在图像识别等领域,由于存在大量的非标识数据和少量的可标识数据,目前半监督式学习是一个很热的话题。而强化学习更多地应用在机器人控制及其他需要进行系统控制的领域。

2. 机器学习的主要算法

(1)决策树模型

决策树是一个预测模型,代表的是对象属性与对象值之间的一种映射关系。树中每个节点表示某个对象,每个分叉路径代表着某个可能的属性值,而每个叶结点则对应从根节点到该叶节点所经历的路径所表示的对象的值。决策树仅有单一输出,若需要复数输出,可以建立独立的决策树以处理不同输出。数据挖掘中决策树是一种经常要用

---

[1] 强化学习前世今生,https://blog.csdn.net/gsww404/article/details/79235478

到的技术，可以用于分析数据，同样也可以用来作预测（就像上面的银行工作人员用它来预测贷款风险）。

从数据产生决策树的机器学习技术叫做决策树学习，通俗说就是决策树。

一个决策树包含三种类型的节点：决策节点——通常用矩形框来表示；机会节点——通常用圆圈来表示；终结点——通常用三角形来表示

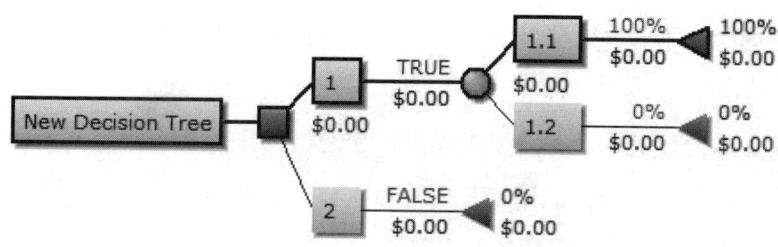

决策树学习也是资料探勘中一个普通的方法。在这里，每个决策树都表述了一种树型结构，由它的分支依靠属性来对该类型的对象进行分类。每个决策树可以依靠对源数据库的分割进行数据测试。这个过程可以使用递归式对树进行修剪。当不能再进行分割或一个单独的类可以被应用于某一分支时，递归过程就完成了。另外，随机森林分

类器将许多决策树结合起来以提升分类的正确率[1]。

（2）支持向量机

支持向量机（support vector machines）是由Cortes和Vapnik于1995年首先提出的，它在解决小样本、非线性及高维模式识别中表现出许多特有的优势，并能够推广应用到函数拟合等其他机器学习问题中。支持向量机方法是建立在统计学习理论的VC维理论和结构风险最小原理基础上的，根据有限的样本信息在模型的复杂性（即对特定训练样本的学习精度，Accuracy）和学习能力（即无错误地识别任意样本的能力）寻求最佳折中方案，以期获得最好的推广能力（或称泛化能力）[2]。

支持向量机是一种二分类模型，它的目的是寻找一个超平面来对样本进行分割，分割的原则是间隔最大化，最终转化为一个凸二次规划问题来求解。由简至繁的模型包括：

当训练样本线性可分时，通过硬间隔最大化，学习一个线性可分支持向量机；

当训练样本近似线性可分时，通过软间隔最大化，学习一个线性支持向量机；

---

1 决策树算法总结，http://www.cnblogs.com/biyeymyhjob/archive/2012/07/23/2605208.html
2 SVM 原理详解，通俗易懂，https://blog.csdn.net/DP323/article/details/80535863

当训练样本线性不可分时，通过核技巧和软间隔最大化，学习一个非线性支持向量机[1]。

（3）贝叶斯分类器

贝叶斯分类器的分类原理是通过某对象的先验概率，利用贝叶斯公式计算出其后验概率，即该对象属于某一类的概率，选择具有最大后验概率的类作为该对象所属的类。也就是说，贝叶斯分类器是最小错误率意义上的优化。目前研究较多的贝叶斯分类器主要有四种，分别是：Naive Bayes、TAN、BAN和GBN。

朴素贝叶斯分类器与其他方法相比最大的优势或许就在于，它在接受大数据量训练和查询时所具备的高速度。即使选用超大规模的训练集，针对每个项目通常也只会有相对较少的特征数，并且对项目的训练和分类页仅仅是针对特征概率的数学运算而已。

尤其当训练量递增时则更加如此——在不借助任何旧有训练数据的前提下，每一组新的训练数据都有可能会引起概率值变化。对于如垃圾邮件过滤这样的应用程序而言，支持增量式训练的能力是非常重要的，因为过滤程序时常要对新到的邮件进行训练，然后进行相应的调整；更何况，过滤程序也未必有权限访问已经收到的所

1　支持向量机（SVM）入门理解与推导，https://blog.csdn.net/sinat_20177327/article/details/79729551

有邮件信息。

朴素贝叶斯分类器的另一大优势是，对分类器实际学习状况的解释还是相对简单的。由于每个特征的概率值都被保存了起来，因此我们可以在任何时候查看数据库，找到最合适的特征来区分垃圾邮件和非垃圾邮件，或是编程语言和蛇。保存在数据库中的这些信息都很有价值，它们有可能被用于其他的应用程序，或者作为构筑这些应用程序的良好基础。

朴素贝叶斯分类器的最大缺陷就是，它无法处理基于特征组合所产生的变化结果。假设有这样一个场景，我们正在尝试从非垃圾邮件中鉴别出垃圾邮件来：我们构建的是一个Web应用程序，因为单词"online"时常会出现在你的工作邮件中。而你的好友则在一家药店工作，并且喜欢给你发一些他碰巧在工作中遇到的奇闻趣事。同时，和大多数不善于严密保护自己邮件地址的人一样，偶尔你也会收到一封包含单词"online pharmacy"的垃圾邮件[1]。

（4）神经网络

神经网络技术起源于20世纪五六十年代，当时叫感知机（perceptron），拥有输入层、输出层和一个隐含层。输入的特征向量通过隐含层变

---

1 贝叶斯分类器的简单理解，https://blog.csdn.net/woshiliulei0/article/details/58142325

换达到输出层，在输出层得到分类结果。早期感知机的推动者是Rosenblatt。但是，Rosenblatt的单层感知机有一个严重得不能再严重的问题，即它对稍复杂一些的函数都无能为力（比如最为典型的"异或"操作）。

随着数学的发展，直到20世纪80年代才有Rumelhart、Williams、Hinton、LeCun等人发明了多层感知机。多层感知机，就是有多个隐含层的感知机。多层感知机可以摆脱早期离散传输函数的束缚，使用sigmoid或tanh等连续函数模拟神经元对激励的响应，在训练算法上则使用Werbos发明的反向传播BP算法。这时候，产生了神经网络的概念。神经网络的层数直接决定了它对现实的刻画能力。随着神经网络层数的加深，优化函数越来越容易陷入局部最优解，并且这个"陷阱"越来越偏离真正的全局最优。利用有限数据训练的深层网络，性能还不如较浅层网络。同时，另一个不可忽略的问题是随着网络层数增加，"梯度消失"现象更加严重。

2006年，辛顿（G.E.Hinton）利用预训练方法缓解了局部最优解问题，将隐含层推动到了7层，神经网络真正意义上有了"深度"，由此揭开了深度学习的热潮。这里的"深度"并没有固定的定义——在语音识别中4层网络就能够被认为是"较深的"，而在图像识别中20层以上的网络屡见不鲜。为了克服梯度消失，ReLU、maxout等传输函数代替了sigmoid，形成了如今DNN的基本形式。单从结构上来说，DNN和多层感知机是没有任何区别的。值得一提的是，之后出现的高速公路网络（highway network）和深度残差学习（deep residual learning）进一步避免了梯度消失，网络层数达到了前所未有的一百多层（深度残差学习：152层）[1]。

1.常用的神经网络可以分为：

2.感知机(神经网络的前身)；

3.前向传播算法；

4.BP(反向传播算法)；

5.DNN(深度神经网络)；

6.CNN(卷积神经网络)；

7.RNN(循环神经网络)。

（二）算法层面：深度学习

深度学习(Deep Learning，DL)由辛顿（G. E.Hinton）等人于2006年提出，是机器学习(Machine Learning，ML)的一个新领域。

1　神经网络，https://blog.csdn.net/canisn/article/details/79125594

1.深度学习的原理与发展

深度学习是基于样本数据，通过一定的训练方法得到包含多个层级的深度网络结构的机器学习过程。传统的神经网络随机初始化网络中的权值，导致网络很容易收敛到局部最小值。为解决这一问题，辛顿提出使用无监督预训练方法优化网络权值的初值，再进行权值微调的方法，拉开了深度学习的序幕。

深度学习所得到的深度网络结构包含大量的单一元素（神经元），每个神经元与大量其他神经元相连接，神经元间的连接强度（权值）在学习过程中修改并决定网络的功能。通过深度学习得到的深度网络结构符合神经网络的特征，因此深度网络就是深层次的神经网络，即深度神经网络（deep neural networks，DNN）。

深度学习的概念起源于人工神经网络的研究，有多个隐藏层的多层感知器是深度学习模型的一个很好的范例。对神经网络而言，深度指的是网络学习得到的函数中非线性运算组合水平的数量。当前神经网络的学习算法多是针对较低水平的网络结构，将这种网络称为浅结构神经网络，如一个输入层、一个隐藏层和一个输出层的神经网络；与此相反，将非线性运算组合水平较高的网络称为深度结构神经网络，如一个输入层、三个隐藏层和一个输出层的神经网络[1]。

---

1 深度学习概述，https://blog.csdn.net/lyy14011305/article/details/53377664

2006年，机器学习大师、多伦多大学教授辛顿（G.E.Hinton）及其学生Ruslan发表在世界顶级学术期刊《科学》上的一篇论文引发了深度学习在研究领域和应用领域的发展热潮。这篇文章提出了两个主要观点：多层人工神经网络模型有很强的特征学习能力，深度学习模型学习得到的特征数据对原数据有更本质的代表性，这将十分有利于分类和可视化问题；对于深度神经网络很难训练达到最优的问题，可以采用逐层训练方法解决。将上层训练好的结果作为下层训练过程中的初始化参数。在这一文献中，深度模型在训练过程中逐层初始化采用无监督的学习方式。

2010年，深度学习项目首次获得来自美国国防部门DARPA计划的资助，参与方有美国NEC研究院、纽约大学和斯坦福大学。自2011年起，谷歌和微软研究院的语音识别方向研究专家先后采用深度神经网络技术将语音识别的错误率降低20%—30%，这是长期以来语音识别研究领域取得的重大突破。2012年，深度神经网络在图像识别应用方面也获得重大进展，在ImageNet评测问题中将原来的错误率降低了9%。同年，制药公司将深度神经网络应用于药物活性预测问题，取得了世界范围内的最好结果。2012年6月，吴恩达（Andrew Ng）带领的科学家们在谷歌神秘的X实验室创建了一个有16000个处理器的大规模神经网络，包含数十亿个网络节点，让这个神经网络处理大量随机选择的视频片段。经过充分的训练以后，机器系统开始学会自动识别猫的图像。这是深度学习领域最著名的案例之一，引起各界极大的关注[1]。

2. 深度学习领域"四大金刚"

学术界通常把辛顿（G.E.Hinton）、Yann LeCun、Yoshua Bengio和吴恩达（Andrew Ng）4人称为人工智能或深度学习领域的"四大金刚"[2]。

（1）辛顿（G.E.Hinton）：英国出生的计算机学家和心理学家，以其在神经网络方面的贡献闻名。辛顿是反向传播算法和对比散度算法的发明人之一，也是深度学习的积极推动者。目前担任多伦多大学计算机科学系教授。

2013年3月加入Google，领导Google Brain项目。

辛顿被人们称为"深度学习教父"，可以说是目前对深度学习领域影响最大的人。而且如今在深度学习领域活跃的大师，有很多都是他的弟子，可以说是桃李满天下。

（2）Yann LeCun：法国出生的计算机科学家，他最著名的工作是光学字符识别和计算机视觉上使用的卷积神经网络（CNN），也被称

---

[1] 深度学习概述，https://blog.csdn.net/lyy14011305/article/details/53377664
[2] 深度学习"四大天王"，你知道几个？https://blog.csdn.net/t5131828/article/details/85069306

为卷积网络之父。

他曾在多伦多大学跟随辛顿读博士后。1988年加入贝尔实验室，在贝尔实验室工作期间开发了一套能够识别手写数字的卷积神经网络系统，并把它命名为LeNet。这个系统能自动识别银行支票。

2003年到纽约大学担任教授，现在是纽约大学终身教授。

2013年12月加入了Facebook，成为Facebook人工智能实验室的第一任主任。

（3）Yoshua Bengio：毕业于麦吉尔大学，在MIT和贝尔实验室做过博士后研究员，自1993年之后就在蒙特利尔大学任教，在预训练问题，自动编码器降噪等领域做出重大贡献。

Hinton、LeCun和Bengio被人们称为"深度学习三巨头"。这"三巨头"中的前两人早已投身工业界，而Bengio仍留在学术界教书，他曾说过："我留在学术圈为全人类作贡献，而不是为某一公司赚钱"。

2017年初Bengio选择加入微软成为战略顾问。他表示不希望有一家或者两家公司（他指的显然是Google和Facebook）成为人工智能变革中的头部大玩家，这对研究社区没有好处，对人类也没有好处。

（4）吴恩达（Andrew Ng）：吴恩达是美籍华人，曾经是斯坦福大学计算机科学系和电气工程系的副教授，斯坦福人工智能实验室主任。他还与Daphne Koller一起创建了在线教育平台Coursera。

2011年,吴恩达在Google创建了Google Brain项目,通过分布式集群计算机开发超大规模的人工神经网络。

2014年5月,吴恩达加入百度,负责百度大脑计划,并担任百度首席科学家。

2017年3月,吴恩达从百度离职。

(三)技术方向层面

1. 机器视觉

机器视觉是指计算机从图像中识别出物体、场景和活动的能力,形象地说就是机器能看见东西,能看懂东西。计算机视觉技术运用由图像处理操作及其他技术所组成的序列,来将图像分析任务分解为便于管理的小块任务。比如,一些技术能够从图像中检测到物体的边缘及纹理,分类技术可被用作确定识别到的特征是否能够代表系统已知的一类物体。

机器视觉有着广泛的应用,其中包括:医疗成像分析被用来提高疾病预测、诊断和治疗;人脸识别被Facebook用来自动识别照片里的人物;在安防及监控领域被用来指认嫌疑人;在购物方面,消费者现在可以用智能手机拍摄产品以获得更多购买选择;在银行远程开户和身份确认,必须依靠面部识别方法。

机器视觉作为相关学科,泛指在工业自动化领域的视觉应用。在这些应用里,计算机在高度受限的工厂环境里识别诸如生产零件一类的物体,相对于寻求在非受限环境里操作的计算机视觉来说目标更为简单。计算机视觉是一个正在进行中的研究,而机器视觉则是"已经解决的问题",是系统工程方面的课题而非研究层面的课题。因为应用范围的持续扩大,某些计算机视觉领域的初创公司自2011年起已经吸引了数亿美元的风投资本[1]。

2. 自然语言处理

自然语言处理是指计算机拥有的如人类般的文本处理的能力。比如,从文本中提取意义,甚至从那些可读的、风格自然、语法正确的文本中自主解读出含义。一个自然语言处理系统并不了解人类处理文本的方式,但是它却可以用非常复杂与成熟的手段巧妙处理文本。例如,自动识别一份文档中所有被提及的人与地点;识别文档的核心议题;在一堆仅人类可读的合同中,将各种条款与条件提取出来并制作成表。以上这些任务通过传统的文本处理软件根本不可能完成,而自然语言处理仅针对简单的文本匹配与模式就能进行操作。

自然语言处理像计算机视觉技术一样,将有助于实现目标的多种技术进行了融合。建立语言模型来预测语言表达的概率分布,举例来

---

[1] 人工智能的五大核心技术,https://blog.csdn.net/sergeycao/article/details/75254630

说，就是某一串给定字符或单词表达某一特定语义的最大可能性。选定的特征可以和文中的某些元素结合来识别一段文字，通过识别这些元素可以把某类文字同其他文字区别开来，比如区分垃圾邮件同正常邮件。以机器学习为驱动的分类方法将成为筛选的标准，用来决定一封邮件是否属于垃圾邮件。

因为语境对于理解"time flies"（时光飞逝）和"fruit flies"（果蝇）的区别是如此重要，所以自然语言处理技术的实际应用领域相对较窄。这些领域包括分析顾客对某项特定产品和服务的反馈，自动发现民事诉讼或政府调查中的某些含义，自动书写诸如企业营收和体育运动的公式化范文等。

3. 语音识别

语音识别主要是关注自动且准确地转录人类的语音的技术。该技术必须面对一些与自然语言处理类似的问题，在不同口音的处理、背景噪声、区分同音异形或异义词（"buy"和"by"听起来是一样的）方面存在一些困难，同时还需要具有跟上正常语速的工作速度。语音识别系统需要使用一些与自然语言处理系统相同的技术，再辅以其他技术，比如描述声音和其出现在特定序列与语言中的概率的声学模型等。语音识别的主要应用包括医疗听写、语音书写、电脑系统声控、电话客服等。比如Domino's Pizza，最近推出了一个允许用户通过语音下单的移动App。

第三节 人工智能在金融领域的应用综述

人工智能是一个广泛的共同关键科学问题，也是一个战略前沿技术。任何实质性进步都可以促进人类社会和现代文明的全面进步，因此研究人工智能的意义和重要性可与任何伟大的科学项目相媲美。

人工智能在金融行业的应用时间虽然不长，但是影响很大。了解这些影响是非常有现实意义的。世界上的大型IT公司和大型金融机构都在布局人工智能金融的研究。谷歌、Facebook、IBM、微软、阿里巴巴、腾讯、百度、科大讯飞、商汤科技、BETTERMENT、KENSHO等公司已经提出了大量的技术方案和实践。花旗银行、高盛、中国建设银行、中国银行、中国农业银行、平安保险等大型金融机构也都投入巨资研究以人工智能为核心的FinTech。中国农业银行提出"科技兴盛，中国农业银行兴盛"的口号。中国建设银行将以人工智能为核心的金融科技确定为该银行三个重大战略当中的一项。阿里巴巴下属的子公司蚂蚁金服，由于大量使用人工智能技术，已经成为中国最重要的民营金融机构之一，2018年其估值已经达到10000亿人民币。

一、金融领域是人工智能最好的应用领域

创新工场CEO李开复博士在参加金融客论坛暨金融客咖啡两周年庆典时表示:"当前是人工智能的黄金时代,人工智能会首先落地在数据最大、最快能产生价值的领域,而金融领域是人工智能最好的应用领域之一,人工智能或将颠覆互联网金融行业"[1]。

为什么人工智能技术在发展到第三次浪潮时,能够迅速在金融领域找到应用场景,并且实现爆发式发展呢?这可以从人工智能技术本身和金融行业的特点两个方面寻找原因:

当前的人工智能技术符合金融行业发展需要。

专注于特定领域:当前人工智能技术还处于"弱人工智能"阶段,仍然属于"工具"范畴。这个阶段的人工智能只专注于完成某个特定的任务,适用于解决特定的具体类的任务问题而存在,大都是统计数据,从中归纳出模型。因此,在具体行业应用方面,领域越清晰、狭窄、有边界,就越能够发挥人工智能的优势。

海量的数据处理能力:数据是人工智能发展的基石,人工智能的核心在于数据支持。与人类大脑相比,人工智能具有更强大的数据分

---

[1] 李开复:人工智能的黄金时代,参加金融客论坛暨金融客咖啡两周年庆典主题演讲

析处理能力。人工智能领域富集了海量数据,传统的数据处理技术难以满足高强度、高频次的处理需求。人工智能芯片的出现加速了深层神经网络的训练迭代速度,让大规模的数据处理效率显著提升,极大地促进了人工智能行业的发展。

快速学习能力:随着深度学习和人工神经网络算法的发展,人工智能的机器学习能力得到了极大的提升。目前,深度学习等算法已经广泛应用在自然语言处理、语音处理以及计算机视觉等领域,并在某些特定领域取得了突破性进展,从有监督式学习演化为半监督式、无监督式学习。

更加具有道德优势:弱人工智能阶段的各种智能机器,看起来像是智能的,但并不真正拥有智能,也不会有自主意识。而恰恰是因为当前的人工智能还不具有自主意识,在进行数据分析处理和快速学习的过程中,不会带上人类有可能受到的外部因素(如利益、人情等)的影响,在反欺诈、不道德交易等领域相对来说可靠程度更高。

金融行业为人工智能提供了天然的应用场景。

金融行业拥有海量的数据:金融行业本身的业务关注金钱的进出出,在自身内部循环过程中就已拥有海量的数据;同时,金融行业与整个社会存在着巨大的交织网络,每时每刻都能够产生金融交易、客户信息、市场分析、风险控制、投资顾问等多种海量数据[1]。这些海量的数据，为人工智能的发展提供了天然的实践场景和深度学习进化训练。

金融行业的边界相对清晰：在传统金融领域，商业银行提供存款的吸收与放贷服务，证券公司提供证券的交易服务，保险公司提供保险服务，不同金融行业之间存在着相对清晰的边界，各个行业所提供的金融产品泾渭分明，易于识别。尽管在互联网金融和新金融兴起后，金融界的边界有一定程度的模糊化趋势，但总体来看，金融界的边界依然比较清晰。这种清晰的边界，对于当前还处于"弱人工智能"阶段的人工智能来说，无疑是优良的应用场景，因为处于这一阶段的人工智能"专注于特定领域和完成特定的任务"。

金融行业拥有资本优势：金融业的本质是为实体经济服务，相比于其他实体行业，金融业拥有轻资产、重资本的优势。同时，由于金融行业对数据和风险控制近乎偏执的要求，它利用人工智能技术的积极性要比其他行业更高。

基于以上分析，我们发现，当金融遇上人工智能，邂逅的不仅仅是技术驱动和效率提升，随之而来的还有颠覆、创新和全面升级。

1　中国电子学会：新一代人工智能发展白皮书（2017）

二、人工智能在金融科技领域的应用框架

当前人工智能在金融科技领域的应用已非常广泛，我们基于对银行、保险、证券、互联网金融、人工智能和金融科技头部企业等行业实践者进行的大量调研、访谈，总结出目前阶段人工智能在金融科技领域的13大主要应用场景，分别是：智能支付、智能营销、智能客服、智能征信、智能风控、智能投研、智能投顾、智能开户、智能交易、智能理赔、智能保险、智能机具和智能安保。

为避免对读者造成误导，需要特别说明的是：

由于人工智能技术的应用领域非常广阔，同时人工智能技术本身的发展也是日新月异，本书所总结的13大应用场景，仅仅是作者当前的阶段性研究汇总。一方面，人工智能在金融科技领域的应用远远超过本书所总结13大场景；另一方面，我们将持续关注人工智能在金融科技领域的最新应用实践并择机做出补充介绍。

由于人工智能作为一种前沿交叉学科，其发展本身涉及诸多前沿技术领域，相应地在金融科技领域的应用场景也并非基于单一的技术应用，如智能支付涉及生物识别、自然语言处理，智能营销涉及自然语言处理、知识图谱、生物识别、大数据统计/分析等。

为方便读者更好地把握人工智能在金融科技领域13大应用场景所涉及的技术应用，我们分别从应用场景维度和人工智能技术应用维度设计了以下两份表格：

人工智能在金融科技领域的应用框架表一（基于应用场景维度）

序号	应用场景	技术应用
1	智能支付	生物识别 自然语言处理
2	智能营销	自然语言处理 生物识别 大数据统计/分析
3	智能客服	自然语言处理 人机交互和智能机器人 知识图谱
4	智能征信	大数据统计/分析 知识图谱
5	智能风控	生物识别 大数据统计/分析
6	智能投研	知识图谱 大数据统计/分析
7	智能投顾	知识图谱 生物识别 大数据统计/分析
8	智能开户	生物识别 大数据统计/分析

续表

序号	应用场景	技术应用
9	智能交易	人机交互和智能机器人 生物识别
10	智能理赔	大数据统计/分析 知识图谱
11	智能保险	知识图谱 大数据统计/分析
12	智能机具	人机交互和智能机器人 生物识别 大数据统计/分析
13	智能安保	人机交互和智能机器人 生物识别 大数据统计/分析 自然语言处理

人工智能在金融科技领域的应用框架表二（基于技术应用维度）

序号	技术应用	应用场景
1	自然语言处理	智能支付 智能营销 智能客服 智能安保
2	机器视觉和生物识别	智能支付 智能营销 智能风控 智能投顾 智能开户 智能交易 智能安保

续表

序号	应用场景	技术应用
3	知识图谱和深度学习	智能客服 智能征信 智能投研 智能投顾 智能理赔 智能保险
4	大数据统计/分析	智能营销 智能征信 智能风控 智能投研 智能投顾 智能开户 智能理赔 智能保险 智能机具 智能安保
5	人机交互和智能机器人	智能客服 智能交易 智能机具 智能安保

第三章　人工智能在金融科技领域的应用一

从本章开始，我们将逐一介绍人工智能在金融科技领域的13大应用场景及应用实践。

场景一：智能支付

支付是发生在购买者和销售者之间的金融交换，是社会经济活动所引起的货币债权转移的过程，随着人类文明的不断演进，支付方式也在悄无声息地发生着变化。20世纪80年代以来，基于磁条、集成电路的银行卡在全球快速普及，逐渐取代现金、支票成为重要支付工具。随着互联网技术的发展，支付要素演化为一串数字化信息，"潜身"于手机、手环等具备信息处理功能的智能终端中，移动支付成为用户享受支付服务的新途径。近几年，新一代人工智能技术逐渐成熟，生物特征开始用于标识用户身份，成为关联支付账户的新媒介，生物特征支付已经开始并可能成为未来支付发展的重要方向。

一、何谓智能支付

智能支付概念是在互联网支付和移动支付的基础上，伴随着人工智能技术的发展而兴起的，目前尚未有统一的定义。我们暂且将其定义为以人工智能等技术为载体，进行资金转移和支付。

需要指出的是，支付的变革仍在继续，手机扫码、NFC近场支付、指纹支付、刷脸支付……新兴的支付方式层出不穷，未来智能支付的形式更新的速度将越来越快，但不变的是支付越来越便捷高效。

在中国，提起支付，我们首先想到的会是第三方支付的支付宝和微信支付。"无现金"生活似乎是一种生活习惯，唯一担心的是"手机没电"，拿起手机，国人可以解决衣食住行的所有问题：衣服可以线上购买或者租借，吃饭直接点外卖，旅行选择酒店、民宿或者是共享日租房，出门可以骑共享单车、电单车或者选择滴滴专车。连新加坡总理李显龙访华时，也说想要体验在中国"不怕口袋没钱，只怕手机没电"的生活状态。

信息科技和互联网产业的进步让中国民众获得巨大的"获得感"。根据亿欧智能的调查报告显示，在科技领域对国人"获得感"的贡献率中，信息技术占比高达61%，超过其他四个领域贡献率总和。其中移动支付以26.91%的比率排名第一，从侧面说明了正在改变人们日常生活的移动支付对老百姓来说"感知度"较高。报告称，移动支付的发展不仅在支付方式上带来了便捷，也促进了网络购物、共享单车等领域的快速发展。移动支付、远程认证、生物识别等技术也正在改变中国人的消费和生活习惯，给民众带来了实实在在的"获得感"[1]。

在朴素的认知中，我们对于移动支付的认知就是支付，而现有的众多场景中，可以看到支付在各种场景中的应用，这是老百姓感知度最明显的首付款场景。实际上，我们看到移动支付所带来的不仅仅是支付这么简单。

以蚂蚁金服为例，虽然它有很浓厚的阿里集团的背景，但其实是一家金融服务公司。这是一个与G端（政府）、B端、C端强关系的组成，而强关系的构成不仅带来了简单的支付属性基因，而且全面打通金融、信用、支付、安全、数据的生态平台，也是互联网领域的重要基础技术支持。它首先能确保与银行的连接，提供给银行金融级专业

---

[1] 移动支付让国人"获得感"暴涨，你更要知道背后的技术真相，https://www.iyiou.com/p/57359.html

技术支持,并且打通连接,提供给B端完整的SAAS服务,以及C端的各种支持。

芝麻信用独立形成了一套属于互联网的信用体系,给每个网民设定了画像,这些都是围绕着大数据和安全支付进行的,并且给C端提供类似花呗、借呗、余额宝、保险等相关金融产品服务。

最终的结果显示:蚂蚁金服提供的服务,不是简单的服务,而是基于金融、信用、支付、安全、数据的多维服务。这个服务既面向政府、银行金融机构,又面向企业的接入,还有针对老百姓的支付形成的闭环,其中的支撑是信用体系,通过多维的方式打通各项服务。

这里的创新关键是,蚂蚁金服不纠结于支付场景的多寡,而是全面布局全行业的接入,除了刚推出的租房公寓的信用以及支付体系之外,还包括招聘、ofo小黄车。小到充电宝,雨伞、玩具、衣服,大到电脑、汽车、房产,都通过接入的方式,成为各个行业的金融服务提供商[1]。

---

1 移动支付让国人"获得感"暴涨,你更要知道背后的技术真相,https://www.iyiou.com/p/57359.html

二、人工智能在智能支付领域的创新

未来金融科技需要推进更多的创新，而这些创新背后是对于基础技术能力的夯实。支付产业要想在新的市场环境中占据有利位置，需要借助人工智能技术，提高以下三种基础能力：

1.应对海量交易的智能并行计算能力。计算平台首要的能力是智能管理成千上万台服务器，提升计算效率，降低计算成本，提供更为多样的计算能力。这里解决的关键问题是如何在分布式下解决交易的一致性、可靠性、安全性问题。

2.提供智能决策的算法能力。金融场景中的信用、风控、定价、营销，都是对一个用户行为或者需求的洞察，背后基础能力就是实时决策引擎。决策引擎做的最关键的事情就是有效地组合规则、算法、模型，高效即时处理海量、多维的非结构化信息，抽取知识，并在尊重金融规律的基础上，为各种金融业务提供决策支持。

3.数据管理和智能分析能力。如何采用更为安全可靠的方式去管理数据也是支付行业需要解决的问题。在未来，数据隐私保护是非常关键的金融科技能力。同时，采用神经网络深度学习等先进算法对数据进行智能分析、洞察也是未来支付公司必须具备的能力[1]。

---

1 搅动金融科技的人工智能，能否颠覆支付格局？https://www.iyiou.com/p/59452.html

目前，通过人工智能创新支付业务主要表现在以下几个方面：

一是人工智能创新支付方式。以人工智能为代表的人脸识别、语音识别、生物识别技术正改变传统支付方式，激励创新支付手段，促使银行、非银行支付机构创新智能支付服务。

二是人工智能提升用户支付体验。通过"智能语音"服务、生物识别身份认证、智能投资顾问等方式为客户带来更快捷、更便利、更智能的操控体验，进一步提升了客户服务水平、节约了人工运营成本。

三是人工智能提高支付运营效能。通过现实人脸图像与联网核查图像、客户身份证图像交叉比对，由人工智能算法引擎完成身份认证，从而加强了金融服务供给、提升了金融服务效率、提高了支付运营效能[1]。

三、智能支付领域的应用实践[2]

1. 无人商店

7月23日，首家无人苏宁小店在南京试营业。继社区店、CBD店、大客流店后，无人店作为小店的第四种店面模型，登陆便利店行业市

---

1 人工智能给支付清算带来哪些变革？https://www.iyiou.com/p/85268.html
2 同上

场，让消费者能亲身体验智慧零售的魅力。

很多人对无人小店的理解还停留在自助扫码、移动支付上，而苏宁无人商店的机械臂可以为消费者提供简单的餐饮服务。消费者只需点击屏幕上的产品下单后，场内的多支机械臂就会得到指令，为消费者准备食品。

自助结账区是指顾客买好商品后，无须一件件地扫码，只要一次性把选购的商品放进扫码区就可以了。机器会自动识别RFID码，给出商品总价。

亚马逊也有自己版本的无人商店，叫Amazon Go。Amazon Go只向会员开放，顾客需要有亚马逊账户，并且下载一个手机App，刷手机进入商店，离开时，亚马逊账号会自动扣款，无需在收银台排队。顾客只有在购买酒类产品的时候，才需要和员工进行互动，检查身份。

在购物方面，亚马逊号称使用了和自动驾驶汽车相同的技术，在商店内安装了大量的摄像头，利用图像识别和传感器来追踪每一个顾客，感知他们的体型和动作，并且在货架上大量安装了传感器，如确认商品被取走和放回原处的压力感应装置与载荷传感器。每当顾客拿起一个商品，系统就会自动把货物放入虚拟购物车，而当顾客把商品放回货架的时候，虚拟购物车会自动删除。

2. 公交车刷脸支付

2019年1月6日,金华公交成为了全国首个支持"刷脸乘车"的试点,"刷脸乘车"是运用人脸识别技术,只需要建立乘客出行人像信息库,利用摄像头动态获取客流信息,便可利用识别技术进行人脸精确对比。乘客走进市公交集团营运二公司的8路、9路公交车时,无需任何操作,车上的车载机瞬间截取乘客的人脸照片,然后发出"通过"的声音。此外,通过刷脸乘车系统,还能实现客流流向大数据分析、班车及驾驶员管理、乘车实名制、公共安全管理等技术。

上海公交与商汤科技也在建设刷脸支付系统,已经有几十条线路安装了设备,预计将在近期推行。

深圳地铁报道近期有望实现人脸识别支付。乘客近期可以使用人脸识别系统在地铁上进行支付,中国深圳地铁运营商正在测试超快速5G网络支持的各种先进技术,其中包括人脸识别票务。

3. 智能音箱支付

亚马逊推出了一款全新概念的智能音箱:Echo。这款产品最大的亮点是将智能语音交互技术植入到传统音箱中,从而赋予了音箱人工智能的属性。这款产品不但能播放音乐、新闻,还可以通过语音,网购下单、Uber叫车、订外卖等。用户要实现语音召唤Uber,首先要激活 Uber 功能。用户可在 Alexa 应用的"设置"板块填写位置信息,然后在"技能"板块选定 Uber 选项,再连接 Uber 账户。相对语音召唤 Uber,预定达美乐披萨稍微困难一些。用户首先需要在达美乐应用事先设置好订单,然后对 Alexa 说"打开达美乐,发出我的 EasyOrder"。而且这句话是固定的,如果换了其他的表述,订单将不能被响应。这一点是亚马逊做得太局限了,需要改进一下。

场景二:智能营销

营销是金融业保持长期发展并不断提升自身实力的基石,因此营销环节对于整个金融行业的发展来说至关重要。传统的金融营销渠道主要是以实体网点、电话短信推销、地推沙龙等方式将金融相关产品销售给潜在客户,这些营销方式容易产生对于市场需求的把握不够精准、使得客户产生抵触情绪的问题,同时标准化的产品以群发的方式进行推送也无法满足不同人群的需要。

一、何谓智能营销

智能营销主要是通过人工智能等新技术的使用,利用深度学习相关算法对收集的客户交易、消费、网络浏览等行为数据进行模型构建，帮助金融机构与渠道、人员、产品、客户等环节相联通，从而可以覆盖更多的用户群体，为消费者提供千人千面、个性化与精准化的营销服务。

智能营销的典型流程包括：

客户信息采集。通过社交网络浏览行为、产品购买行为、网点业务办理频次等进行多维度采集。

认知模型构建。运用深度学习、自然语言处理等相关技术进行建模。

营销精准触达。通过自有渠道或第三方渠道进行信息投放，实现个性化营销。

相对于传统营销，智能营销基于大数据技术、机器学习计算框架等技术，具有时效性强、精准性高、关联性大、性价比高、个性化强等特点和优势[1]。具体如下：

时效性强：准确把握客户的最高需求点，及时做出反应。

精准性高：有针对性投放广告，确保用户关注的广告有关联性。

关联性大：找出精准用户和市场定位。

---

1 亿欧智库：2017年中国智能金融产业研究报告

性价比高：根据效果反馈做出调整，减少成本投入。

个性化强：针对同质性较强的群体投放同种类别广告。

二、人工智能在智能营销领域的创新

智能营销通过客户分析、营销策划、营销执行和营销评估实现闭环管理流程，利用大数据技术精准刻画用户画像，并基于此策划营销方案，进行精准营销和个性化推荐，同时实时监测，一方面用于优化策略方案，另一方面将数据反馈给数据库系统用于接下来的客户分析。营销执行主要分为精准营销和个性化推荐，精准营销服务于企业的引流获客阶段，个性化推荐服务于企业的留存促活阶段。智能营销为金融企业降低了经营成本，提升了整体效益，未来在此领域仍需注意控制推送渠道、适度减少推送频率、进一步优化营销体验。

智能营销为银行等金融机构带来三大变革，未来将开启营销新模式[1]：

一是营销体验变革。通过人工智能营销方案可以打造全新的零售银行客户营销体验，客户满意度大幅提升，实现对客户需求的精准把

---

1 金融壹账通开启"AI+智能营销"新时代，http://www.sohu.com/a/243513108_479822

握，提供千人千面、个性化服务，提升的市场营销策略精准性。同时也可以实现对客户360度全覆盖，随时随地办理业务，整合客户多触点信息，为客户提供贴心的一致服务。

二是营销渠道变革。人工智能营销解决方案对传统银行的营销渠道进行了革命性的变革，打造未来银行无界营销模式。它改变了以线下网点为主的渠道模式，拓展网点外的营销，实现网点内和网点外互联；创造线上社交营销和智能客服，实现线上线下互联；通过渠道全覆盖，显著提升存量睡眠客户触达率。

三是营销决策变革。打造智能化的客户数据管理及分析能力，建立以客户数据洞察为基础，以数据分析为渠道的营销决策体系。完善的客户数据管理及分析体系，完善的大数据客户画像，可以实现数据分析在营销各环节的支撑，为各个层级营销管理人员提供决策支持。它通过基于数据的营销，变传统营销为数字营销。

三、智能营销领域的应用实践

在金融领域，特别是银行领域，人工智能通过收集用户社交、消费、信用、交易等行为数据，分析用户需求与偏好，建立精准营销解决方案，优化银行对客户的筛选与精准服务，应用于银行的存量客户激活、线上线下获客、产品交叉营销等场景。智能营销将银行海量存储数据变现为营销价值；通过用户画像、用户分层、用户定位实现银行营销的精准化、场景化、个性化，优化营销的质量与效果；降低人力成本、提高营销效率。

1. 招商银行的智能营销

招商银行和全球知名的软件公司SAS合作启动"招商银行智慧营销平台项目"，以实现招行营销决策科学化、营销管理流程化、营销业务精准化和资源投入最佳化。"智慧营销平台"通过大数据分析和洞察，打造以客户体验为核心的实时互动营销平台体系，超4000个活动在该平台上运转，事件营销成功率比传统数据营销高5至10倍。该项目获得《亚洲银行家》2017年度"中国最佳客户关系管理项目（Best CRM Project）"大奖[1]。

2. 平安银行的智能营销

在利用人工智能为银行提供智能营销解决方案领域，平安壹账通走在前列。2018年，平安银行金融壹账通发布了Gamma智能营销方案，该方案以人工智能为核心，将大数据、生物识别等先进技术与银行零售业务流程有机融合，通过全流程智能化改造，推动银行在存量

---

1 "智能营销"助力银行业务提质增效，http://www.vccoo.com/v/c8g2l4

客户激活、线上线下获客、产品交叉营销等方面的全方位能力提升，致力为中小银行打造一个高度智能化的虚拟营销专员。

乐山市商业银行从2017年12月与金融壹账通开展合作以来，壹账通提供了包含信贷产品设计、风控方案和Gamma人工智能整体营销方案咨询的一站式解决方案，效果显著。恰逢其会，双方也期待能在智能营销等方面进一步开展深入合作。Gamma人工智能营销解决方案，涵盖线下寻客、线上拓客和全面智脑三大子方案，覆盖了行内行外、线上线下、存量增量、软件硬件等全维度的数字营销场景、渠道和设备。

一是线下寻客。当前银行的业务主要还发生在线下，如何利用好银行现有的线下优势服务好存量的客户，降低流失，提升活跃，是所有银行都非常关注的课题。Gamma人工智能营销方案针对网点内、网点外不同的场景，综合运用1：N人脸识别、姿态识别、自然语言多轮对话、最新的智能文本阅读理解等先进技术，把客户的线下活动数据化、智能化、自动化，极大地提升了客户的服务体验，帮助银行更有效地在服务中转换营销商机，提升客户的黏度。

其中，结合最新智能文本阅读理解技术的Gamma人工智能营销解决方案的销售助手受到中小银行的广泛关注。使用这一工具，客户可以针对任意一款金融产品的产品细节进行提问，智能销售助手都会实时给出专业标准的答案。更为先进的事情是，当有任何新产品发布时，智能销售助手可以秒级读入产品文本，实时理解产品细节，立刻可以解答客户的各种提问。拥有一个真正的、可以实时读懂文本的、智能的虚拟营销专员，极大降低了银行营销人员的培训成本，告别了此前新产品上线，需要长时间训练对话机器人的传统人工智能模式，让服务做到即插即用，方便快捷。

Gamma人工智能营销解决方案还提供可以放置在商场、车站等客流大的区域的设备，通过多样化的游戏交互等方式，实现7×24小时批量智能获客，其获客成本仅相当于传统模式的30%，极大地提升投入产出比。结合智能寻客地图和智能二维码解决方案，可以快速实现银行客户经理的网格化管理，对于经营绩效和客户画像进行全面捕捉，从而将传统线下营销智能化、自动化。

二是线上拓客。当前越来越多的银行客户经理使用社交媒体来营销和服务客户。Gamma人工智能营销解决方案以社交营销为核心，提供了完整的社交媒体营销解决方案，全面提升银行线上获客能力。其中，运用社交端小程序及银行公众号商城帮助客户经理实现线上客户批量管理的功能，使单个客户经理管户数可以从数十个跃升到千个以上，效率大大提升。所有这些系统最快1天即可上线，营销活动转发率较传统模式提高10倍以上。

值得一提的是，Gamma人工智能营销解决方案还配备了业内首创个基于人工智能自然语义多轮问答技术的智能外呼系统，该系统具备强大的智能分析功能——筛选、匹配、分类、锁定，可以实现机器人与客户多轮次自动对话，在客户申请断点时主动外呼，断点召回比例提升30%—60%，显著改善客户体验，从而变服务为营销，利用虚拟营销专员帮助银行服务好每一个潜在客户。

三是全面智脑方案。上述的所有方案都离不开大数据的支持，Gamma人工智能营销解决方案中智能大数据平台是帮助银行全面管理内外部大数据的数据中枢。它支持100余种数据格式的接入与管理，方便银行现有数据的接入与管理。同时还提供了非常丰富的外部数据接入与管理的工具，预置多项外部数据接入接口，帮助银行实现内外部数据的全面管理，做到内外部数据一周内快速接入，快速为未来智能营销提供丰富的客户画像标签。

与此同时，Gamma人工智能营销解决方案的智能营销引擎可实时采集各系统产生的丰富数据流大数据，生成针对不同客户特点的千人千面的营销策略，内置多个营销策略模板，实现营销活动的1小时配置上线，满足银行越来越丰富的营销需求。首创基于自然语义搜索的智能报表工具，采用NLP技术，实现零代码、自然语义模糊数据查找，帮助用户一键洞见业务细节。

上述方案，从数据接入、数据分析、数据应用及数据洞见四个维度为银行提供完整的大数据解决方案，成为虚拟营销专员的智能大脑。

三大方案的发布，覆盖银行网点内外、线上线下及数字营销的全维度营销场景，全面提升客户体验，提升更优质服务，引领了零售银行营销变革。通过Gamma人工智能营销解决方案，打造银行客户新体验，客户活跃度提升50%以上，营销活动转发率提升3倍以上；显著提升营销效果，沉睡客户唤回率平均提升3-5倍以上，新客户获客量增加2倍以上；通过多渠道优化以及精准营销，显著降低获客成本，提升营销活动投入产出比。

场景三：智能客服

据英国广播公司报道，国际咨询机构埃森哲的一份报告称，未来三年里，人工智能将会成为银行与客户之间的主要沟通方式。这份报告调查了600位银行人士与专家的观点。有意思的是，许多接受调查的人士觉得人工智能将会帮助银行打造一个更像人类交流的体验[1]。

---

1 人工智能将"霸占"银行客服工作，https://baijiahao.baidu.com/s?id=1589393695002956086&wfr=spider&for=pc

一、何谓智能客服

在银行、保险、互联网金融等领域的售前电销、售后客户咨询及反馈服务频次较高,对呼叫中心的产品效率、质量把控以及数据安全提出了严格要求。智能客服是基于大规模知识管理系统,面向金融行业构建企业级的客户接待、管理及服务智能化解决方案。

在与客户的问答交互过程中,智能客服系统可以实现"应用——数据——训练"闭环,形成流程指引与问题决策方案,并通过运维服务层以文本、语音及机器人反馈动作等方式向客户传递。此外,智能客服系统还可以针对客户提问进行统计,对相关内容进行信息抽取、业务分类及情感分析,了解服务动向并把握客户需求,为企业的舆情监控及业务分析提供支撑。据统计,目前金融领域的智能客服系统渗透率预计已达到20%~30%,可以解决85%以上的客户常见问题,针对高频次、高重复率的问题解答优势更加明显,可以缓解企业运营压力并合理控制成本[1]。

但从本质上来说,智能客服还是以客户为中心的。从目前发展来看,智能客服还有很长的路要走。

一方面,目前的人工智能技术水平还不能让智能客服取代人工客

---

1 艾瑞咨询: 2018年中国人工智能金融行业研究报告

服，智能客服常用于对用户意图的理解和预测上，对一些复杂的、特殊的问题的解决能力有限。当下最常见的还是"智能+人工"模式，即普通常见的问题由智能客服进行解决，复杂特殊问题转接人工客服。而且从用户习惯来讲，相对于使用机械式答案回复的智能客服，大多数人还是喜欢充满"人情味"的人工客服。

另一方面则是"主动"与"被动"的问题，即智能客服能否主动与客户进行沟通，提高满意度，增加交易的成功率。智能客服只能被动地等待提问然后回答吗？针对B端客户，使用相关产品除了节约人力劳动成本之外，是否还能为其带来附加值？

综合来看，客服的出现是为了方便企业与用户进行有效的沟通，或者辅助用户在企业所提供的服务中有一个良好的消费体验。无论是智能客服还是人工客服，在追逐风口发展的同时都不能忘掉初心，不能忽略其"以客户为中心，实现用户服务体验的升级"的本质[1]。

二、人工智能在智能客服领域的创新

智能客服能够大量节约成本。人工智能客服技术在当前阶段最大

1　2018智能客服市场盘点：云客服企业加码AI，机器人客服竞争白热化，https://www.iyiou.com/p/83057.html

的价值在于大幅节省人力成本，面对客户群体数目大、咨询频次高、问题重复度高的话术，引入高性能的智能客服机器人能极大地节省人工成本。据统计，智能机器人客服可以解决85%的常见客服问题，而一个机器人坐席的花费只相当于一个人工坐席花费的10%。

智能客服能够提升用户体验。在金融行业，用在用户留存上5%的投入，能带来25%的收益。为什么？因为忠诚客户会不断在企业产生购买，而企业需要为他付出的边际成本是越来越低的。更妙的是，这种客户还会向身边的人推荐他所使用的产品。一旦这种忠诚关系建立，用户不会再轻易去尝试其他不熟悉的同类产品。

用户对智能客服的全新期望。

移动性。中国手机网民规模自2016年已突破7亿大关，中国智能手机用户与中国手机网民规模保持同向增长，其用户规模在中国手机网民中的占比均保持在90%左右，手机上网成为主流。81.5%的用户日均使用1小时，每天使用移动端终端时间在3小时及以上的用户比例为46.6%。移动端应用已逐渐渗透大众生活，BYOD（自带设备）成为大势所趋，移动办公的浪潮到来，企业客服人员也不仅仅通过PC的方式来服务客户，还可以通过手机来回复客服问题。正如数据所显示的，手机现在是王道。在4G网络发展、移动互联网普及的双重作用下，客户更愿意使用手机与客服接触，这使得培养客户使用电子渠道的习惯变得轻而易举。这一特点在移动互联网普及程度较高的沿海城市非常明显，而二、三线城市的客户，虽然移动互联网普及程度不高，但不意味着没有机会，客户的习惯会随着服务渠道的变化被慢慢培养起来，只是需要时间以及人工服务的引导。

即时性。社会发展到今天，选择的极大丰富，让用户已习惯于享受种种便利，想得到就要马上得到。移动互联网时代，服务的即时性也对管理的即时性提出了很高的要求。移动电子商务公司全球扫货指南市场总监左小禛便深有体会："移动电商经常会定期或者不定期举行一些活动，活动举办期间，服务请求较平常可能会有十倍甚至更多倍的增长。这样的环境下，如何去调配座席人员？如何知道何种渠道来源的增长比例？服务过程中出现了哪些问题？哪些是共性问题？移动环境下，即时客服要求有即时的信息管理。"

社交性。"在未来的30里，任何无法实现亲密互动的事物都将被当作'坏'掉的东西"。凯文·凯利在《必然》一书中，强调了互动的重要性。

移动互联网时代的营销除了普通的宣传、引导、试用、免费等传统方式外，更多地具有社交化属性，用户体验变得如此重要，即时通信所具有的实时性、互动社交性让移动电商更具活力。甚至很多商家都搭建了基于兴趣社交的板块辅助自身电商平台，通过社区导购来降低用户的购买决策成本，在非标品等方面与传统大电商平台竞争，获取优势以实现弯道超车。同时，在移动互联时代，营销渠道越来越多。过去的营销是通过电视、报纸等渠道跟消费者沟通，但移动互联网时代则是分享的时代，免费思维已成为主流，为了让用户喜欢，愿意分享，商家会让消费者面对面进行免费试用与体验，通过各种活动进行赠予、使用，增强体验。这也使移动互联网时代的电商营销成本非常巨大。

多渠道化。随着移动互联网与智能手机的不断普及，社交渠道多元化和应用软件功能的不断丰富，传统企业客服更需要面临大增的整体服务需求和更为碎片、多元化的客户服务场景。金融机构依靠邮件和电话为客户提供服务的日子已经一去不复返了。近年来，客服领域期待着一切尽可能更加方便快捷的运作方式。这对金融机构来说意味着什么呢？其实很简单，为了能够在现代企业市场具有竞争力，金融机构必须尽可能地打通所有客户服务和售后支持渠道，建立一体化客户服务方式[1]。

---

1 智能客服解决了企业三大痛点，https://www.iyiou.com/p/47522.html

三、智能客服领域的应用实践

人工智能在客服中心的应用场景包括：

智能客服机器人。使用自然语言理解技术，在大语料库的基础上，基于场景和业务模型开发上下文关联模型，从而实现自然叙述、智能理解这一目的，并将这一技术和模型与客服系统在整体上实现了融合。

智能语音导航。主要利用语音识别技术和自然语言理解技术理解客户语音，并根据客户的需求导航到相应节点或者引导客户完成业务办理，主要应用在自助语音服务、手机银行App和智能设备上。在自助语音上应用主要通过与IVR的集成实现自助语音菜单的"扁平化"，提升用户满意度；通过与客户的交互帮助客户办理相关业务，实现问题的咨询。

智能营销催收机器人。外呼机器人是语音识别技术和自然语音理解技术的另外一个应用场景。通过业务场景的设计，实现自动外呼客户进行客户身份核实、催收、业务通知、满意度调查、产品营销等服务。

智能辅助。智能辅助主要应用在客服领域，机器人实时监听座席与客户的对话。当客户提出问题后，机器人可以实时理解客户的问题，并提供相关回答建议给座席。在新员工辅助方面的作用尤其明显。

智能质检。客服中心是一个对服务质量要求很高很严格的行业，为了保证服务质量，一般会通过对座席录音进行抽样检查的方式来实施质量检查工作。一般客服中心的质检抽检率在1%左右，无法全面监控风险[1]。运用人工智能后，这一情况得到了极大改善。

在实践应用方面，目前，5大国有银行和12家全国性股份制商业银行已全部上线智能客服，部分城商行的智能客服系统也相继上线。

例如，工行早在2016年就推出智能客服"工小智"，通过不断增强自然语义理解及上下文交互等技术水平，目前"工小智"识别率已达到98%，可以精准理解、快速识别并高效解决用户提出的问题。数据显示，工行智能客服两年多来累计解决客户相关需求4亿笔。

招商银行App7.0也推出了智能助理服务，该服务是以语音交互、精准识别为基础，减少用户们的操作路径，让服务能够实现一"语"直达。招行手机用户们可以通过特定口令，在App的任何界面、随时随地唤醒智能助理。同时，招商银行客服机器人支持包括问答、转账任务、账务查询任务、理财任务、闲聊等场景，可以为复杂的金融交易场景提供解决方案。同时，智能语音支持可信收款人转账的模式。

---

1 人工智能在银行客服中心的应用，http://mp.ofweek.com/ai/a045673127366

与传统银行语音客服机器人不同的是,当用户问到非业务问题时,招商银行客服问答机器人将开启寒暄模式,对客户的问题进行回答,形成自然开放的语言交互情境,使机器人客服与用户形成友好互动。

中信银行则在2018年初与腾讯云推出智能语音服务产品,帮助视障用户体验无障碍移动金融服务。普通用户只需打开手机银行App,按住语音服务键,通过语音指令直达所需服务,并根据语音提示操作,完成转账、查询、理财等日常金融交易。

光大银行则在2018年举行的手机银行媒体开放日上,展示了视频客服等功能,其新增的"智能文字服务",反应速度在毫秒级,回答准确率达90%以上,并在同业中率先实现"移动端人工视频服务",目前已进入试点阶段。光大银行电子银行部总经理杨兵兵对《证券日报》记者表示,人工智能未来将替代标准化人工客服的职能,也就是简单搜索等工作,人工客服的工作则转为根据客户画像等,对客户进行深一步的业务营销,在这个层面上,人工客服不可被替代[1]。

2018年4月,江苏银行手机银行上线智能客服新功能,用户不用埋头打字,只要说出你想咨询的内容,系统就能识别并提供服务。据了解,江苏银行智能客服成功对接ASR语音引擎,能实时将自然语言

---

[1] 人工智能赋能银行 多家银行推出智能语音服务系统,http://finance.sina.com.cn/stock/s/2018-10-23/doc-ifxeuwws7096756.shtml

转译为文字，而且识别率达90%以上。只要打开江苏银行手机银行，在页面右下角"我的"模块点击"在线客服"，大声说出想咨询的业务，智能客服"苏苏"就能立即识别并引导办理。比如，用户对着智能客服大声说"买理财"，智能客服"苏苏"就会引导用户至江苏银行理财超市选购产品。智能客服还能想用户所想，将用户的常用交易展示在交互界面，让用户在咨询业务的同时，能轻松找到自己想办理的业务，轻轻一点，一键搞定。

江苏银行一直致力于打造最具互联网大数据基因的银行，在人工智能方面已上线国内首个投融资一体化的阿尔法智能投顾平台，大幅提升了人脸识别功能与效率，同时还推出了语音识别系统，对图像识别等技术的应用也已取得显著成效。此次智能客服新增语音咨询功能，意味着该行在人工智能应用层面也走在了同业前列。目前江苏银行客服中心已从单一的传统语音服务升级为聚合微信、网页、移动端、远程终端等方面的多媒体服务渠道，并将陆续在智能客服领域实现智能外呼、专属产品智能推荐等更多功能，创新融合科技金融，打造更优质的服务[1]。

互联网巨头旗下的金融机构在智能客服方面也表现出色。2015年

---

1 人工智能离你又近一步！这家银行的智能客服"听"你指示，http://www.wxrb.com/node/finance/bank1/201804/t20180411_1385844.shtml

"双11"期间，蚂蚁金服95%的远程客户服务已经由大数据智能机器人完成，同时实现了100%的自动语音识别。当用户通过支付宝客户端进入"我的客服"后，人工智能就开始发挥作用，"我的客服"会自动"猜"出用户可能会有疑问的几个点供选择，这里一部分是所有用户常见的问题，另一部分是基于用户使用的服务、时长、行为等变量抽取出的个性化疑问点。在交流中，人工智能客服则通过深度学习和语义分析等方式给出自动回答。问题识别模型的点击准确率在过去的时间里大幅提升，在花呗等业务上，机器人问答准确率从67%提升到超过80%。

腾讯旗下的微众银行，联合腾讯云推出了智能云客服"微金小云"。在使用效果上，目前一个智能机器人可替代400位人工客服，98%的客服服务均由智能云客服完成，这不仅有效支撑了海量客户需求，提升了服务效率，而且极大地节约了人工成本。

场景四：智能征信

目前各国广泛应用的有三种征信体系，分别是以美国、英国为代表的市场主导型；法国、德国代表的政府主导型和日本主导的会员制型。由于中国征信体系刚开始建立，现状是综合了市场主导和政府主导型的征信体系。

2018年1月,央行正式受理了百行征信有限公司(以下简称百行征信)的个人征信业务申请。32天以后,农历春节后的第一个工作日,央行向百行征信发放了国内首张个人征信业务牌照。

一、何谓智能征信

征信是指依法收集、整理、保存、加工自然人、法人及其他组织的信用信息,并对外提供信用报告、信用评估、信用信息咨询等服务,帮助客户判断、控制信用风险,进行信用管理的活动。我国社会征信行业分为企业征信与个人征信。

随着大数据和人工智能技术在金融领域的应用,智能征信概念应运而生。概而言之,智能征信是指充分利用大数据和人工智能技术,通过多渠道获取用户多维度的数据,从信息中提取各种特征建立模型,对用户进行多维度画像,并根据模型评分,对用户(企业/个人)的信用进行评估。智能征信是智能风控的技术基础。

征信按征信对象可分为企业征信和个人征信;按服务对象可分为信贷征信、商业征信、雇佣征信和其他征信;按地理范围可分为区域征信、国内征信和跨国征信;按征信用途可分为公共征信、非公共征信和准公共征信,具体见下表[1]:

---

1 根据网络资料整理汇总

按征信对象分类	按服务对象分类	按征信地理范围分类	按征信用途分类
企业征信：收集企业信用信息，生产企业信用产品	信贷征信：服务对象是金融机构，为信贷决策提供支持	区域征信：一般规模较小，只在某一特定区域内提供征信服务	公共征信：处于社会管理需要，征信结果免费提供给社会、政府职能部门、行业协会、商会、联盟开展的征信属于这类征信
	商业征信：服务对象是批发商或零售商，为其赊销决策提供支持	国内征信：是目前世界范围内最多的机构形式之一，尤其是近年开设征信机构的国家普遍采取这种形式	非公共征信：征信用于自己授信和业务管理，其征信过程不公开，自产自销，其实质是自我信用风险管理和控制，银行信贷授信、企业信用销售中对客户征信都属于这类
个人征信：收集个人信用信息，生产个人信用产品	雇佣征信：服务对象是雇主，为雇主用人决策提供支持	跨国征信：为拓展业务及顺应国际化趋势，近年来发展迅速	准公开征信：即专业征信，是独立第三方开展的中介服务，其征信结果供社会查询使用，具有社会影响力
	其他征信：如市场调查、债券处理、动产不动产鉴定等		

二、人工智能在智能征信领域的关键影响[1]

央行征信中心原副研究员刘新海曾表示，人工智能将给征信行业带来两方面的影响：一是在模式识别方面，主要解决交易场景中的身份识别问题，且已取得了巨大成功；二是在信用分析及预测方面，主

1　刘新海：征信AI：来自人工智能的信用服务，《当代金融家》，2017年第12期。

要解决客户信用的风险评估问题,目前尚在研发阶段,预期未来发展潜力巨大[1]。这一论点是基于当前人工智能技术和征信产业发展要求而做出的分析判断。

首先,互联网经济要求新的个人信用使用方式。对个人身份进行有效识别是征信机构提供信用信息服务的前提条件。人工智能在生物识别方面的应用近年取得的较大进展,主要来自基于大数据的机器学习,并在基于人工神经网络的深度学习上实现了突破。以往,机器学习已成功应用于垃圾邮件过滤、手写字符识别等在线下时代必须通过人力帮助判断的领域,也有效解决了线上时代在机器翻译、欺诈检测、产品推荐等方面难以针对有效需求精准完成的难题。但过去十年中,基于算法的演进、大数据技术和计算机运算能力的提高,特别是深度学习方式的开发,"机器"的智能显著提高。

互联网经济时代,金融服务会更多体现在场景模式的应用中。机器深度学习通过在大数据中寻找"模式",在这些模式的基础上运用一定算法再次统计分析,在无需过多人工介入和人为干涉的情况下,利用分析所得预测事件结果。通过分析持续产生的越来越多的数据,构建并不断完善预测消费者行为的各种数学模型,在此基础上进一步

---

1 40家智能信用服务企业一览,一半来自上海,https://www.iyiou.com/p/70152.html

生成"深度"计算模型，如此不断深化及复杂化学习结果，从而使预测结果越来越趋近现实情况的演变。

在传统商业模式中，征信机构主要通过采集消费者的证件号码和姓名对消费者身份进行识别，如美国征信机构采用社会保障号对消费者身份进行识别，我国人民银行征信系统采用包括证件类型、证件号码、姓名在内的三项标示，并在征信报告查询时引入其他问题对消费者身份进行识别。但以上方式更适合在线下、低频的交易模式中使用。对数据应用强度、频度、广度均位居各行业前列的金融业来说，互联网时代线上交易大量、频繁、小额的特征，强烈要求出现与之相适应的新的个人信用使用方式，以保证消费者信息在进行验证时的安全性和有效性。

其次，生物特征识别是互联网金融时代的"刚需"。相比通过身份证号码进行识别，使用消费者个人生物特征进行验证，过程更加可靠和安全。加上互联网金融对风控的强制要求和反欺诈中对身份识别的"刚需"，生物识别技术在一些新型金融机构的业务应用中已取得较好的进展。其中，人脸识别技术最为吸引眼球，配合传统的密码、短信等安全验证手段，自带活体检测效果可有效避免以往因用户个人信息泄漏造成的金融诈骗事件，为金融业的风控手段增添了强有力的武器。

在基于人体生物特征的模式识别（生物识别，Biometrics）中，对声纹、人脸、指纹、虹膜和DNA五种识别技术进行比较的结果，DNA识别的准确率最高，但难以采集，声纹识别的准确率最低，却最容易采集。其中，虹膜识别在稳定性和准确率上的表现均居中档，是权衡成本应用后在目前最具性价比的生物识别技术之一。2017年9月，支付宝和菜鸟在上海举办的物流开放大会上宣布面向中小物流企业开放从基础的支付到中高的营销、信用、金融等能力。其在自提柜上即可实现的"刷脸取件"，采用的就是蚂蚁金服基于Face++研发的人脸识别技术。在现场演示中，自提柜只用5秒就完成了对取件人的身份验证过程。

最后，人工智能能够助力金融风险预测。对消费者信用进行评分作为涉及消费者切身权益的半公共产品，不仅要有足够的预测准确率，还要具有可解释性。人工智能技术虽然能提高信用评估的准确性，但其学习过程非常复杂，甚至程序员也不能完全了解机器是怎样学习的以及是如何通过学习得到结果的。这种"黑盒子"式的特点导致深度学习并不适于在个人信用评分方面的应用，而使其在征信领域的普及受到挑战。相比之下，国外征信机构和风险评估机构对人工智能等先进信息技术一直保持着高度关注，多年来投入大量人力、物力进行研发，并申请了相关专利。随着人工智能技术的进步，这些机构也开始尝试引进其他技术与人工智能合作，以在保持其预测准确性的同时具有可解释性，从而加快推进人工智能技术在征信领域的商业化应用。

这一点主要表现为两个方面。一是在开发信用卡流失模型时，数据专家通过机器学习发现信用卡使用的新进度和频率之间的强大交互，将这种相互作用作为非线性特征以可解释的方式纳入评分卡后，即获得"提升度（Lift）"指标的显著提升（约10%左右）；通过机器学习应用事件特定的与新进度和频率相关的组合，可以获得另外15%的性能提升。这些预测性改进应用到现实中，就可以转化为投资组合的实质利润增长，通过机器学习继续获得更准确的目标客户保留策略。二是在一个数据有限的房屋股权投资项目中，数据样本中缺乏足够的"坏账"（不良贷款）导致出现了一些问题。通过建立具有优化超参数的基于机器学习的信用评分，确定是传统评分卡技术导致丢失了大量信号。通过将机器学习技术与评分卡技术相结合而创建的解决方案，其性能（KS）相比传统评分卡提高了约20%。

三、智能征信领域的应用实践

征信产业链主要由数据源、数据处理、产品服务和应用场景组成，其中数据处理和产品服务是征信公司的核心竞争力。由于数据具有垄断性，数据的获取成本也是征信公司的核心问题[1]。

1. 有针对性地采集被征信对象数据；

2. 利用固有的分析模型，对征集到的数据进行分析；

3. 信用产品应用，效果反馈。

在具体应用实践方面，美国的个人征信市场由 Experian、Equifax、TransUnion 三大个人征信巨头掌握了约 65% 的美国本土个人征信市场份额。在中国，由于大型互联网企业进入征信行业较早，拥有较独立且有价值的数据，在建模和大数据分析上代表了中国顶尖的技术，且建立完善的征信体系需要有强大的财力人力资源支撑，预计未来的中国征信依旧会是以政府主导型为主，以互联网大数据公司及 8 家个人征信代表的市场机构起到补充作用。

以美国征信市场三巨头为例：

1.Experian（益博睿）

Experian 总部位于都柏林，1996 年被 GUS 收购，2006 年作为独立公司在伦敦证券交易所上市。Experian 拥有信用服务、决策分析、市场营销服务和消费者服务四大业务条线。

1　金准人工智能：中国个人征信行业报告，http://www.sohu.com/a/243473443_200424

信用服务主要指的是向放贷机构提供信用报告，具体来说，是向放贷机构提供消费者和企业的历史还款和以往信用申请记录等数据，以帮助后者做出其提供的信用产品对消费者和企业来说是否适当、是否应提高授信额度等决策。Experian信用服务的市场地位在各个国家基本上是第一或者第二的水平。Experian信用服务的竞争对手是Equifax、TransUnion和邓白氏。Experian信用服务的费用是以交易为基础的，按照信用报告的购买数量分层收取。

决策分析主要指的是向客户提供评分、检查、决策软件和系统。其中，评分和检查的费用是以交易为基础，按照客户购买量分层收取的；软件和系统的收费类型包括安装费、经常性软件授权费和交易手续费（transactions）。Experian决策分析的竞争对手是FICO、IBM、SAS和一些利基市场的服务商。Experian的决策分析部门是英国非盈利反欺诈服务平台Nation Hunter的系统提供方，该平台上有信贷申请人在90多家英国金融机构的申请记录。

市场营销服务能对消费者进行画像从而帮助客户识别潜在买家、获取新用户、提高客户留存率、开发更符合消费者需求的产品、以最符合消费者习惯的方式联系消费者。Experian认为其在市场营销服务的数据、数据质量和交叉销售的营销能力上处于市场领先地位。Experian在市场营销服务业务上的主要竞争对手是Acxiom、Adobe、

Epsilon、IBM、Oracle、Salesforce.com 和 Teradata。Experian 市场营销服务的费用是以交易为基础，根据客户购买量分层收取数据授权费和订购费。

消费者服务使消费者能在线查看自己的信用报告和信用评分、理解和改善自己的信用状况、防止欺诈和身份被盗用。Experian 为实时扫描包括社交网络在内的网络中未被消费者授权却出现的消费者的个人信息、联系方式和财务信息，来帮助消费者防止身份被盗用。Experian 在消费者服务上的竞争对手是 CallCredit、CreditKarma、Noddle、Equifax、FICO、TransUnion 和其他利基市场服务商。Experian 消费者服务的费用包括按月收取的直销面向消费者提供服务（direct-to-consumer）的订购费、消费时才会收取费用的附加项目（add-ons）和向有密切合作的伙伴收取的费用。

值得一提的是，如果消费者怀疑自己的身份信息已经被盗用者用于欺诈，可以联系当地的征信局，后者会在消费者的信用报告上标注出警示信息。这样如果盗用消费者身份信息的人试图以消费者的名义申请信用，放贷方会进行更多的检查来确定申请人是不是真的是消费者本人。

Experian 2016 年年报显示，每天 Experian 生产的信用报告数达 3500 万份。

2. Equifax（艾克菲）

Equifax（艾克菲）于1898年创立，是三家公司中历史最悠久的。按照地域，Equifax的业务条线分为美国本土和海外两种，后者包括加拿大、欧洲和拉丁美洲。Equifax在加拿大提供的产品和服务与美国本土基本一样，而在欧洲和拉丁美洲Equifax还为放贷人催收提供信息和技术服务。

按照客户类型，Equifax的业务条线分为企业业务和个人业务两种。和Experian以及TransUnion有所不同的是，Equifax向企业提供人力资源外包业务。Equifax服务的企业客户主要分布在以下行业：金融服务、抵押贷款、零售、通信、公用事业、汽车、经纪、医疗、保险和政府机关。

按照收费依据，Equifax的业务条线分为按交易收费的和按订购收费的两种。前者指的是产品提供给客户时即收费；后者指的是在客户使用产品之前即先收取一部分前期费用，订阅时间通常是一年。

3. Trans Union（环联）

TransUnion致力于向机构和个人用户提供全球风险信息解决方案。在美国，TransUnion的客户覆盖全美前十大银行、前五大信用卡发行方、前二十五家汽车商、前十五家汽车保险公司的十四家、以及数以千计的医疗服务商和联邦、州、地方政府机构。TransUnion拥有信贷信息、身份信息、破产、司法抵押、司法裁决、保险索赔、车辆等来自约90000个数据源的数据,其数据采集方法包括由银行等会员向其提交和自行采购等方式。另外,成为TransUnion会员是自愿的。在地域上,TransUnion已经在30多个国家开展业务。在员工人数上,2015年底TransUnion拥有约4200个员工。

TransUnion自身的业务分为三部分:面向企业的美国信息服务(U.S.Information Services,USIS)业务、面向个人的消费者业务、在国际市场开展上述两项业务的国际业务。根据客户类型的不同,实际上TransUnion的业务可以简单分为机构业务和个人业务两类。TransUnion的机构业务USIS的功能包括为客户分析消费者信用状况、在前者基础上为客户提供精准营销和催收方案、反欺诈等。

从业务来看,TransUnion的企业业务占总体业务的65%左右,消费者业务仅占6%,国际业务占比在26%左右[1]。

2015年1月,人民银行印发《关于做好个人征信业务准备工作的通知》,允许8家公司开展第一批个人征信试点业务。其中包括芝麻信用、腾讯征信、深圳前海征信、鹏元征信、中诚信征信、中智诚征信、拉卡拉信用、北京华道征信。2017年第央行征信局认为这8家没有一

---

[1] 美国三大个人征信巨头是如何运作的? https://www.sohu.com/a/121976326_515996
[2] 芝麻信用 https://www.xin.xin/#/home

家能够能达到要求。尽管如此，各家也在各显神通，充分利用大数据和人工智能，在各自能够掌控的领域里开展业务。

芝麻信用是蚂蚁金服集团中的一个版块，分为个人征信和企业征信。芝麻分是在用户授权的情况下，依据用户在互联网上的各类消费及行为数据，结合互联网金融借贷信息，运用云计算及机器学习等技术，通过逻辑回归、决策树、随机森林等模型算法，对各维度数据进行综合处理和评估，从用户信用历史、行为偏好、履约能力、身份特质、人脉关系五个维度客观呈现个人信用状况的综合分值。芝麻分的分值范围为350—950分，分值越高代表信用越好，相应违约率相对较低，较高的芝麻分可以帮助用户获得更高效、更优质的服务。企业征信的分数范围为1000—2000分，当然是分数越大越好。芝麻企业信用从创立伊始就致力于以开放和创新的方式与征信业生态的伙伴们展开合作与共创，基于海量的数据来源，依托在云计算、机器学习方面的前沿技术，信用数据洞察、信用价值链接、信用风险模型构建等多方面的经验，客观地呈现中小微企业的信用状况，帮助守信企业降低交易成本、更加便捷地获得金融服务，推进普惠金融，让中小微企业的信用等于财富。

"芝麻信用分"是芝麻信用对海量信息数据的综合处理和评估。芝麻信用基于阿里巴巴的电商交易数据和蚂蚁金服的互联网金融数据，与公安网等公共机构以及合作伙伴建立数据合作。与传统征信数据不同，芝麻信用数据涵盖了信用卡还款、网购、转账、理财、水电煤缴费、租房信息、住址搬迁历史、社交关系等。

"芝麻信用"通过分析大量的网络交易及行为数据，可对用户进行信用评估，这些信用评估可以帮助互联网金融企业对用户的还款意愿及还款能力做出评价，继而为用户提供快速授信及现金分期服务。

场景五：智能风控

随着传统金融环境的革新，传统的风控手段已经不足以满足个人消费需求旺盛引发的贷款需求增长和长久以来被传统金融机构忽视的小微企业的贷款需求。金融科技的发展极大促进了金融行业的发展，在风险控制方面也不例外。与金融科技相同，风险控制的智能化也受到了大数据、云计算、人工智能甚至区块链技术的冲击。

一、何谓智能风控

就综合技术和应用层面来说，根据亿欧智库的观点，智能风控是指：利用大数据、云计算、人工智能、区块链等技术，达到降低银行风控成本，提高征信效率的风险控制，在实现智能化的同时，还可以实现信贷的贷前、贷中、贷后全链条自动化[1]。

金融领域的风控往往与征信联系在一起。征信和金融风控的重要联系体现在：征信的重要作用之一是为授信机构的风控活动提供信息服务。征信和风控都涉及信息的采集和使用，但二者之间又存在较大的差异。对于征信机构来说，采集、加工和使用信息是用于信息共享，使授信机构掌握贷款申请人的历史贷款申请、批准、使用和归还情况。对于授信机构来说，征信只是风险控制的一部分，并不是等同关系。金融活动的风险控制存在于很多场景，从贷前——贷中——贷后来看，大致包括反欺诈、审批、合规审查、风险定价、信用评分、催收等场景，征信在整个贷款流程中甚至不是主要风控手段。由于贷前的风险管理在整个风险管理中起到了预警和防护的作用，因此征信的发展已经在逐渐成为是否能规避风险的关键[2]。

二、人工智能在智能风控领域的创新

1.智能风控的流程与关键技术[3]

数据是智能风控的基础。整个智能风控的起点是获取数据，主要

1　亿欧智库：把握风控：大数据时代的征信业发展趋势
2　同上
3　亿欧智库：智能风控哪家强？盘点19家输出智能风控能力的FinTech公司

数据来源为用户注册时提交的数据、使用过程中产生的数据、交易时产生数据、第三方如政府、征信机构等的数据。这其中有大量非结构化的数据需要处理，才能形成对信用评估有价值的组合。

第二步是建立模型，其中最重要的是反欺诈和信用评定两项工作。反欺诈确保平台安全，信用评定直接影响平台经营。人工智能的实力强弱也在于此，经过周期性运营之后就可以看出效果。

第三步是将模型在实践中不断优化和迭代，即机器学习。机器学习最大的优点便是快速自迭代。

2. 智能风控的应用模式[1]

智能风控在金融领域的应用模式应站在不同行业的视角来看。虽然本质上都是数据驱动的风险控制与管理决策，但由于银行、证券、保险的行业属性、业务场景差异较大，智能风控的应用模式也不同。

（1）银行业：信贷、反欺诈、关联分析

通常认为，智能风控的称谓最初应来源于银行业在信贷风险管理、交易反欺诈、风险定价和关联关系监控中的大数据应用。像FICO、Experian、Equifax等公司早已通过各类风控模型来实现反欺诈或征信。随着技术手段的丰富，数据获取的方式逐渐便利，商业银行可以通过

---

[1] 上海金融信息行业协会：智能风控始末：模式、应用与问题，https://wallstreetcn.com/articles/3303150

外部数据合作的方式获取、存储、加工不同维度的数据,也可以通过大数据基础平台的强大算力,计算用户之间的相关性,例如电话号、邮箱、地址、设备号等。以消费信贷风控为例,按照贷前、贷中、贷后作为风控的时间维度,以信用品质、偿债能力、押品价值、财务状况、还款条件作为评估维度,时间和评估形成了不同的信贷风险关注要点。商业银行结合不同信贷风险的关注要点,进行相关数据的获取。

除大数据外,智能风控的"智能"主要体现在机器学习算法构建模型。在授信申请、违约损失计算、逾期预测、反欺诈等业务目标确定后,通过内外部数据的整合、预处理(如采样、PCA、缺失值填充、归一化)、特征统计等方法,再选择合适的算法进行分析。无论是对个人或是企业的银行贷款、抵质押或担保贷款,抑或是供应链贷款、评分卡、巴塞尔协议中的贷款,还是当前热门的智能风控,其根本原理都是衡量客户还款能力和意愿。智能风控只是通过更多的数据维度来刻画客户特征,从而更准确地量化客户违约成本,实现对客户的合理授信。可以看出,其原理和方法论与传统金融风控没有区别,但可以通过自动化审批来替代人工审核,降低人力成本。

(2)证券业:异常交易行为、违规账户侦测

与银行业的智能风控专注于信贷风控、反欺诈等不同的是,证券公司、交易所更关注于"实时""事中"交易违规行为的侦测。从监管

要求方面，沪深交易所近期也发布了《关于加强重点监控账户管理工作的通知》，要求强化交易一线监管、突出事中监管，明确了严重异常交易行为的重点账户监控；从技术方面，由于每日盘中连续交易阶段的数据量大、并发性高，对于低延迟实时计算、机器学习和复杂事件处理是证券智能交易风控的设计要点。

异常交易行为的特征描述本质上是一个用户画像项目，对高频交易客户进行群体划分，建立用户画像体系，基于客户交易行为中的各种指标提取特征，使用这些特征作为模型的输入，输出该用户所属的类别。特征指标如交易活跃度（下单次数、下单频率等）、每单报价、持有标的、总资产、资金与持仓信息等。在证券业务层面，则需要覆盖经纪业务、自营、资管等业务。

（3）保险业：风险定价、反欺诈与智能理赔

保险风控的主要应用领域在防骗保和反欺诈。近年来运用大数据技术的保险企业越来越多，基本思路是借助内外部数据在财产险的查勘、定损、核算等环节识别风险特征。以众安保险为例，它对接了央行征信、公安、前海征信、芝麻信用等外部大数据，其中公安数据包含所有已识别到的风险电话数据、短信数据等。此外，智能风控也逐渐加入生物特征识别、人脸与图像识别等人工智能技术，提高欺诈识别率、降低理赔成本。

三、智能风控领域的应用实践

智能风控企业一般分为三类，一类是研发自用型，所研发的系统匹配自身业务发展。第二类为纯技术输出型，即为商业银行、小贷机构、理财平台、消费金融公司等提供信用评估审核、智能风控、反欺诈等金融解决方案。第三类为"混合型"，既支持自身业务发展，也对外输出技术能力。这一类型的企业一般以建立生态为目的，希望以技术输出换取接入更多的数据。这其中，既有针对个人信贷业务的公司，也有针对企业信贷业务的公司。

在银行领域的实践应用方面，2018年8月，重庆三峡银行引入蚂蚁金融科技——蚁盾风控大脑，全面打造实时交易反欺诈平台，建立事前防范、事中实时监测控制及事后分析的风险体系，应对账户风险、交易风险、营销欺诈和欺诈风险，满足监管政策及支持互联网金融等业务发展的需要。

据报道，蚁盾风控大脑是依托蚂蚁金服多年金融实践经验积淀而搭建的智能风控体系，采用了世界级人工智能技术。相对于传统风控方式，蚁盾风控大脑对金融风险的防控思路已经从传统的"事后"发现方式，升级到"事中"和"事前"相结合的智能风险识别预警，以便金融机构能主动采取措施，将风险造成的损失降到最低。

蚁盾风控大脑能够帮助各个金融机构进行7×24小时实时保护，为金融机构提供风险管理决策依据。具体来说，蚂蚁金服从两个方面保障金融交易的安全：

第一个是生物数字核身，涉及人脸、指纹、声纹等。这方面的产品有人脸识别、IFFA联盟等。

第二个是风控大脑。它是一个基于大数据的实时风险决策引擎，是风险的监控、识别、处置的综合性平台。下面主要介绍风控大脑：

智能和闭环是蚁盾风控大脑的两个关键词。它主要体现在四个方面：AI监控预警、AI识别决策、AI分析洞察和AI智能优化。

第一是AI监控预警。传统风险监控方式是系统级监控，比如将某个阈值设置在5%或者是10%，属于统一规则设置。现在把业务和系统融合起来，将业务经验预警和模型的智能预警相结合，能做到对问题的智能下探，自动监控。

第二是AI识别决策。传统专家风控系统是平面网状的系统，非常复杂且容易被攻破。而风控大脑是多层防控体系，在移动终端、服务器端、场景深度分析等多个维度上使用模型驱动的个性化风险分析识别，给出最终的风险决策操作。

第三是AI析洞察。蚁盾风控大脑特别强调"人机协同"的理念。计算机擅长的是存储、搜索、比对，这是重复性的工作。而人擅长的是洞察分析。通过计算机,可以实现快速定位异常,将可能的异常交易和对象缩小在一个相对较小的范围内,避免大海捞针,然后再由人来分析判定是不是风险。

第四是AI智能优化。策略的产生需要经过多维分析、策略推荐、仿真、上线等几个过程,时间和人力成本很高。而采用机器学习方式,则能够有效降低这些成本。其中一个很重要的概念是迁移学习,迁移学习可以实现同样的模型在切换了应用场景后,仍然具有较好的效果。

蚂蚁金服的风险控制是BATJ中做得比较好的。创立于2004年12月的支付宝通过多年的探索,已经实现了风险控制的智能化,防控效果显著。

支付宝风控系统利用原来的历史交易数据进行个性化的验证,提高账户安全性。80%左右的风险事件在智能风控环节就能解决。除了事后审核,事前预防、事中监控也非常重要——事前,将账户的风险分级,不同账户对应不同风险等级;事中,对新上线的产品进行风险评审以及监控策略方案评审。

蚂蚁金服目前的近7000余名员工中,有超过1500个员工从事风险管理业务;2000多台服务器专门用于风险的监测、分析和处置;平均100毫秒实时风险识别与管控能力,比眨一次眼快四倍;支付宝资损率在十万分之一以下,低于被陨石打中的概率,即便用户不幸发生损失，支付宝也已经建立了包括快捷支付保障、余额支付保障、手机支付保障在内的一整套会员保障体系。

目前，蚂蚁金服正在与公安机关、检察院、法院合作，协同侦破线下扰乱互联网金融秩序的案件，打击犯罪。此外，蚂蚁金服还积极与银行、其他第三方支付公司、风险防控有关的软硬件厂商、支付宝商户和用户、高校及科研机构等社会各界展开广泛合作，以提升支付行业的安全防范的能力[1]。

在保险领域，2018年1月底，由中国保险学会与金融科技公司金融壹账通共同发起的国内首个"保险智能风控实验室"在北京成立。据了解，该实验室将全面开展保险反欺诈、反渗漏相关研究与推广活动，组织保险反欺诈、反渗漏风险与保险高峰论坛，进一步提升我国保险风险防控研究水平。金融壹账通将为该实验室提供"智能保险云"等成熟技术的支持，为保险业提供更加智能、精准的风险防控服务。

中国保险学会会长姚庆海指出，新技术的引入将促使我国保险业运营和管理的质态发生巨大变化，保险创新与科技的深度结合将全面地改变保险业面貌。我国多家保险企业正逐步通过大数据、人工智能等新技术手段在甄别欺诈案件，开展理赔等环节进行风险控制。为促

---

1 蚂蚁金服助力银行搭建高性能智能风控体系，http://www.itbear.com.cn/html/2018-08/296887.html

进新技术在保险行业的广泛应用，保险行业需要搭建起跨行业合作平台，通过跨界标准制定、课题研究、产品研发等形式，促进保险与科技深度融合，推动保险行业创新发展。

风险防范是近年来保险业的重点工作之一，而保险欺诈是风险防控的痛点。保监会发布的《反保险欺诈指引》指出，保险信息技术公司应建立多险种的智能化反欺诈信息管理平台，为保险行业欺诈风险的分析和预警监测提供支持。北京大学教授兼北京大数据研究院保险大数据中心主任赵占波认为，大数据、云计算、人工智能、区块链等技术的日趋成熟为保险业提高风控能力带来了新契机。利用大数据技术，保险行业可以突破当前的可保风险和不可保风险的界限，让原先无法承保的风险转变为可保风险，从而扩大保险行业的业务经营范围[1]。

场景六：智能开户

一直以来，客户开户时需要现场面签，是影响金融机构（无论是银行，还是证券）客户服务体验的重要因素。随着人工智能的快速发展，金融服务行业也逐渐步入智能化。互联网时代的多层次支付方式，

---

1 国内首家保险智能风控实验室成立，https://baijiahao.baidu.com/s?id=15911706617128696 03&wfr=spider&for=pc

让远程开户成为可能。身份证识别OCR，通过对身份证信息的快速采集、输出，从而让远程开户变得更加快捷、方便。

一、何谓智能开户

智能开户指的是利用身份证识别、银行卡识别、人脸识别技术等高新技术，识别身份证件与银行卡，读取相关信息并自动填写，在客户确认无误后进入人脸识别环节，通过视频检测的人脸识别来确保开户人与身份证件持有人是同一人，以达到实名认证的目的，从而实现金融行业开户流程的网络化、安全化、多样化和智能化[1]。

智能开户对金融领域来说意义非凡，它改变了传统的办事方式，用一种更加高效便捷的服务模式去贴近消费者。在人工智能之风的带动下，未来无论是金融领域还是其他领域，无疑会出现更多便利的服务。

目前，依托成熟智能识别技术的移动自助开户已被广泛应用于银行卡自助开户、证券开户及信用卡自助申请等领域。

与传统线下开户相比，智能开户具有以下优势：

---

1 需要注意的是，本书所指的智能开户不仅仅是指"远程开户"，目前部分智能开户业务还需要借助智能机具的辅助。

流程更为简便。与传统开户模式相比，智能开户更为简化、人性化和智能化。客户可以通过手机应用端实现一站式智能开户，不受地域、网点、营业时间限制，无需排队等候，无需填写大量表格，足不出户，自己开户。

客户自主性和效率更高。随着智能科技日益成熟，移动自助系统将逐渐取代人工服务，减少服务环节中的人工干预，加强用户的自主性。金融服务行业采用移动自助开户系统取代网点柜台开户，节省了柜台开支，多渠道拓展业务，提高开户效率[1]。

"远程人脸识别+身份证件核实"更加安全有效。人脸证件比对系统的原理是提取二代证件内的信息与现场拍摄到的二代证件持有者图像进行对比，快速地识别出证件与证件使用人是否相一致。当用户拿着二代证件到银行开户时，机器会自动抓取人脸，和二代证件上的信息、公安系统内的身份信息进行比对、鉴别。即使持证人和证件上的照片长得很像，也会被识别。这就有效避免了一些利用假二代证件或者别人证据开户诈骗的情况。

---

[1] 移动自助系统上线，足不出户智能开户，http://www.sohu.com/a/195179089_205239

二、人工智能在智能开户领域的创新

1.人脸识别技术的深度应用。人脸识别技术是以身份检索或校验为目标，通过从给定的静态或动态图像中提取人脸信息等手段，与数据库中已知身份人脸进行匹配的过程。由于受到光照、表情、遮挡、朝向等干扰因素的影响，与其他基于身份证、虹膜、掌纹、指纹等技术手段相比，人脸识别技术的准确率相对较低，但其采集方式最为友好：无须当事人配合，甚至在其意识不到的情况下，就完成了对人脸信息的采集与识别。因此，人脸识别技术在过去的四十多年中一直是人工智能领域的热点研究课题，至今已逐渐走向成熟，被应用于反恐、安防、门禁等领域，近年来也开始向教育、金融等领域推广。

作为金融用户开户时的重要流程，面签不仅耗费客户时间，而且占用银行人力资源。通过用人脸识别替代传统的肉眼辨识工作，不仅可以节约时间和成本，完成从填写个人资料到面签开户再到激活的全流程操作，提升用户体验，而且可以在全网范围内对客户身份及信用背景进行识别和关联，避免人工面签时受到心理、经验等因素的影响。此外，在客户通过手机银行或App进行远程登录时，可以通过人脸识别代替传统的密码输入操作，完成客户账户查询、交易等个人资金划转等功能，避免密码被盗或遗忘等现象[1]。

2.身份证识别OCR的应用。身份证识别OCR，通过对身份证信息的快速采集、输出，从而让远程开户变得更加快捷、方便。远程智能开户是智能金融时代的创新之举。传统金融，用户只能通过各地网点开通账户。远程开户极大促进了金融的快速发展，让开户流程变得更加快捷、简单、高效。通过集成身份证识别，无需再手动输入证件信息，轻轻扫一扫，就能快速完成识别过程。身份证识别OCR已广泛应用于互联网金融，如京东金融、国美金融等。在提升用户体验和好感度方面，OCR识别技术发挥着关键作用。OCR识别技术有着数十年发展历史和经验累积，如今已经相当成熟和完善，其识别准确率和识别速度高。

身份证识别SDK拥有灵活的接口，方便二次开发，分为云端和移动端SDK。无论是服务器端部署还是移动端部署，通过OCR识别技术，都能实现多场景下的身份证信息采集、录入。如远程身份认证，不仅速度快、准确，而且能减少用户输入成本。除此之外，还有电商商户身份证认证、视频主播身份证认证、电信实名制认证、移动警务、

---

[1] 大数据+人脸识别在商业银行中的应用，https://blog.csdn.net/http520888/article/details/83119253

入户普查、二手车交易、车险移动查勘等应用场景[1]。

三、智能开户领域的应用实践

在指尖方寸之间，没有了面对面的交流，如何确保"人证一致"呢？为了消除用户的后顾之忧，智能开户采用领先的OCR、人脸识别、视频检测、语音对讲、手机验证等技术，从多个方面确保"实人实名实证"。即使没有面对面的确认，该有的审核流程也一样都不会少。系统要求用户提供真实的身份证件及其他基本信息，通过OCR技术一键识别，自动填写，提升信息录入效率。同时，系统可与官方权威数据库连接，进一步核查身份证件的真实性与有效性。此外，系统将通过人脸识别技术与动态监测技术采集用户的脸部实时动态图像，并将其与证件照片进行比对，判断是否是本人操作。并且，视频对讲与短信验证功能的大力辅助，也可让用户通过屏幕获得"面对面"的真实感。

在实践应用中，无论是银行个人开户、企业对公开户，还是证券公司开户领域，智能开户都已开始崭露头角。

1　远程开户身份证识别OCR技术，https://blog.csdn.net/ZsHua_18519103264/article/details/82259674

在对公开户方面，2018年2月1日，中国工商银行在湖北武汉正式发布对公客户服务的新成果——对公智能开户业务。该业务在工行"企业通"平台的基础上，将大数据和智能设备对接，进一步提升了营业网点服务中小企业的效率，客户仅需到网点一次、最快30分钟就可以办完对公账户开立等一系列业务。

与传统柜面开户业务相比，智能化对公开户服务主要有以下优势：一是服务更便捷。在风险可控的前提下，工行将现有对公开户业务受理流程进行梳理及整合，通过后台大数据的整合，可自动显示客户开户所需的工商注册信息，免去客户手工填写及多次往返银行的麻烦。二是处理更高效。工行利用系统优势直接读取开户时的必要信息，不仅信息处理速度快，还大大降低了客户填写及操作人员录入的差错，实现了风险控制及处理效率的双提升。三是操作更智能。该服务将银行对公服务由传统的柜面及网银端，进一步延伸至自助设备端，实现了客户端全程操作的自助办理及银行端全流程电子化的业务处理，成为国内银行业对公客户自助服务的新突破。

据工商银行相关业务负责人介绍，近年来，工商银行一直积极探索与国家相关部门合作，利用银行线上线下渠道服务中小企业，深入拓展普惠金融，并取得了显著的进展。截至2017年末，通过工行"企业通"新设立的小微企业已超过79.3万家。此次升级推出的对公客户智能开户服务，则进一步提升了服务中小企业的效率。客户仅需到网点一次，就可以完成账户开立、结算产品领取、资料打印、预留印鉴等业务处理，全程办理时间最短只需要30分钟。目前，对公智能开户业务已在湖北、浙江、江苏、贵州、四川、广东等10个地区试点推出[1]。

专业服务机构方面，在智能金融时代，场景、数据技术的强强联合将成为必然，而其中的一些大公司凭借雄厚的资金实力、技术实力和人才实力，将获得更多的试错空间，并在竞争中占得先机。

比如，得益于百度人工智能技术的应用和强大技术基因的注入，度小满金融正在形成智能获客、身份识别、大数据风控、智能投顾、智能客服、金融云、区块链七大金融科技输出方向，并向金融行业伙伴输出全套金融解决方案，成为推动传统金融智能化发展和变革的重要力量。如今，度小满金融围绕AI FinTech，已经为农业银行、南京银行、浦发银行等超500家金融机构赋能，每天对外服务超300万次。

自2018年6月百度与农业银行达成战略合作以来，双方通过共建"金融科技联合创新实验室"，以金融大脑为核心，在客户画像、精准营销、客户信用评价、风险监控、智能投顾、智能客服等六个方向推动智能金融落地。目前，"农行金融大脑"一期实验室已经正式投产，

---

[1] 有一种银行叫宇宙行，有一种服务叫智能化对公开户，https://www.sohu.com/a/220619089_658695

双方在智能开户、智能掌银、信用分、智能营销、交易反欺诈等方面的合作已经展开，下一步，双方将重点探索更多感知和思维引擎在银行中的落地场景，对接更多业务需求，使金融大脑发挥更大效能。通过金融大脑的建设，农行真正实现了业务的"两升一降一控"，即用户体验提升、获客和产品匹配能力提升，运营成本降低，控制金融风险能力增强。

除了和金融机构深入合作以外，百度自身也在积极实践新金融的发展模式。2018年年初，百度公司与中信银行联合筹建了百信银行，这家定位于"AI+普惠"的银行已于去年年底正式开业。凭借百度在人工智能领域的技术积累，百信银行在开业后四个月时间里，日均放贷超过2亿，信贷余额突破80亿元，已授信用户数超100万人，累计放款规模超150亿元[1]。

1　关于智能金融的未来 度小满金融是怎么看的？https://blog.csdn.net/ZPWhPdjl/article/details/80598863

第四章 人工智能在金融科技领域的应用二

场景七：智能投研

作为新生行业，智能投研目前已经在多个场景进行了初步的落地尝试。与智能投顾相比，智能投研主要面对B端企业级用户，提供辅助投研的工具，而智能投顾主要面对C端长尾人群，提供合理的资产配置建议。但二者在一定程度上可以进行互补。

一、何谓智能投研

智能投研作为人工智能在金融科技领域的重要应用场景，由于受众专业、技术难度较高，目前在全球范围内仍属于成长初期，对其探索和定义也较为分散和宽泛，尚无统一定义。这里采用鲸准研究院的观点："智能投研是在金融市场数据的基础支持上，通过深度学习、自然语言处理等人工智能方法，对于数据、事件、结论等信息进行自动化处理和分析，为金融机构的专业从业人员（如分析师、基金经理、投资人等）提供投研帮助，提高其工作效率和分析能力"[1]。

对于金融机构来说，人工智能技术的介入，将使得传统投研的各个环节发生一定的优化和革新，解放大量基础的投研信息搜集类工作，而前期信息搜集的耗时性和不全面，恰好是传统投研中较为主要的缺陷。另外，通过结构化、模型化的处理方式，智能投研也提升了金融市场海量原始数据的效用和价值。

1. 目前市场对智能投研的功能定位

（1）首要目标是提高投研效率，长远目标是带来投资收益的边际改善，但并非直接决策。

（2）成为投研人员更好的辅助工具，但并不能取代核心的投研工作。

2. 智能投研产业链全景[2]

（1）上游：金融信息采集附加值低，竞争格局已定。金融信息服

---

[1] 鲸准研究院：智能投研行业分析报告
[2] 鲸准研究院：智能投研行业研究报告

务包括对金融信息资源进行生产收集、加工处理、存储利用，或是直接将信息工具提供给从事金融分析、交易、决策等多方用户，从而直接或间接影响金融市场。由于二级市场要求披露，金融公开信息日益丰富，在大数据技术发展的辅助下，国内外金融数据采集环节均已出席市占率极高的头部玩家，比如国外的Bloomberg、国内的Wind等，覆盖了半数以上的市场份额，而国内的财经媒体也已经相对成熟。由于金融数据库附加值较低，垄断竞争格局基本成型，其他参与者正面临着寻求突破和转型的需求。

（2）中游：金融信息加工是核心环节，智能投研发挥重要作用。在经济活动中，买卖双方掌握的信息体量和质量存在差别，交易的实质是无休止的信息博弈。因此，对于金融行业来说，信息链条很大程度上引导了资金的流向。在金融信息采集充分的基础上，对金融信息进行深度加工分析，能够直接影响到财富拥有者或管理者的决策，是整个链条中附加值较高的环节。因此，尽管对传统金融行业来说，投研只是投资工作中的一个场景或流程，但从金融信息流通的角度来说，智能投研为信息赋予了更高的价值，也给交易创造了一个相对公平的环境。

（3）下游：投研衍生新分支，有望为投顾的资产配置策略提供后台支持。投行是资本市场上主要的金融中介，涉及证券承销、企业重组、风险投资、项目融资等多类金融业务,其参与主体包括政府部门、金融机构的投行部门、律所和事务所等中介机构。在投行的日常工作中,受监管要求和行业特性影响,会处理、输出大量金融文档,并且对于文档的质量要求严格,风险成本较高。例如,作为证券发行承销的审计机构,会计师事务所如果在IPO审计过程中未执行必要程序、未获取充分适当的审计证据,报送材料有误,将被证监会罚款甚至责令停业整顿,也将失去有IPO需求的公司的信任。因此,国内部分创业公司瞄准这一市场痛点切入,利用人工智能技术进行政策、公告等文本解析,辅助投行提高工作效率。由于其产品类型与智能投研公司相似,但服务的客户群体主要为金融中介机构,我们也可以将其视为智能投研衍生出的一类新分支。

二、人工智能在智能投研领域的创新

1.智能投研的核心技术

(1)知识图谱:领域知识图谱辅助搭建金融投研语义网络,彰显场景理解深度。知识图谱本质上是一种语义网络,是用来描述真实世界中存在的各种实体和概念,以及它们之间的关联性的数据库。知识图谱的构建过程分为四个阶段:知识获取、知识融合、知识计算和知识应用。在智能投研领域，机器可以从公司公告、券商研报、新闻报道等非结构化数据中批量化自动提取关键信息，以此为基础构建关联，搭建领域知识图谱，辅助投研人员完成更深层次的分析，并在一定程度上优化投资决策。其中，知识图谱的搭建考验了公司对于金融应用场景的理解程度，也就是如何将金融从业者对于知识相关性的理解，以标准化产品的形式进行展现。

（2）机器学习：依靠数据红利，机器学习探索量化投资策略自开发自学习。在量化投资领域，机器学习一直是选股择时等策略中必不可少的工具之一。随着机器学习中深度学习技术的发展，自动化交易、自学习类投资策略成为了大家关注和尝试的新焦点。美国公司EquBot于2017年10月推出了首只人工智能ETF基金（AIEQ），就是利用大数据处理和深度学习等方法，分析美国境内投资机会，主动管理股票投资。

2. 智能投研的主要应用模式

（1）文本解析：通用型产品，提供基础的结构化信息支持。金融行业会产生海量数据和信息，但其中结构化数据的比例极少，大部分以半结构化、非结构化形式杂乱分布，对于计算机来说是无法理解的。其文本主要来源有：公司公开披露、媒体报道、舆情讨论等。智能投研通过自然语言处理、情感分析等技术，对这些信息进行汇总、清洗、解构，为下一步的前端搜索、问答以及其他形态产品奠定了数据基础。很多智能投研公司都选择从这一角度切入，从而搭建金融信息服务的多模块产品群，对外免费提供 PDF 文档解析、图表摘取等初级功能，让更多人体验智能赋予投资研究的方便和快捷。

（2）智能搜索+智能问答：提高研究效率的两大主流工具。在研究工作中，分析人员要面对海量数据和爆炸式的信息，而目前金融机构研究部门配置的多为 Bloomberg、Wind 这类数据终端，无法辅助研究人员高效地发现信息价值点。金融搜索引擎和问答系统的出现，是智能投研行业最初应需而生的两类产品，在文本解析的基础上，发展出语义搜索、智能推荐等多种形态，提供了友好的交互界面，可以通过搜索或问答的形式，快速查询到"中美贸易关系变化对中国芯片行业的影响""2017 年营业收入超过 1000 亿的煤炭上市公司"等问题的答案，极大地提高了研究中信息分析方面的工作效率。

（3）智能投资管理：流程实现高效自动化，提高管理效率。智能投研现阶段以提高效率为主，包括投资效率和研究效率两方面。而业内更多创业公司主要聚焦在后者，传统金融机构更多聚焦在前者。大型的头部金融机构通过内部自研发系统，达到优化投资管理流程的目标，减少基金经理或投资经理的标准化作业时间，从而可以同时管理更多的金融产品和更大规模的资产。比如天弘基金目前正在这一场景进行探索和应用，交易指令下达前的所有准备工作基本上实现了自动化处理，每只基金的仓位、申购赎回情况、个股情况等信息都通过IT技术汇集起来形成报告，根据此报告和固化的交易策略便可形成交易指令，投资效率非常高。

（4）智能风险预警：通过知识图谱建立因子相关关系，发现风险前兆。金融科技的出现，一方面希望能帮助交易环节创造更多财富，更关键的功能是协助防控金融风险。控制风险需要同时对产品发行方和持有方进行监控和分析，并且做到事前预警。智能投研目前正初步介入这一领域，通过另类数据等创新维度的信息抓取以及将信息结构化的NLP等技术，挖掘不同主体间的有效信息相关关系，并深度分析不同信息对于风险违约的影响程度。比如平安科技的欧拉图谱，可以通过知识图谱将企业、人、事件、行业之间的连接构建成关系网，发现风险链条、扩散范围、风险隔离距离，以及可能的循环担保圈、资金圈等，在出现异变之前，做出预先的信号提示[1]。

1　鲸准研究院：智能投研行业分析报告

三、智能投研领域的应用实践

目前全球范围内的智能投研还处于发展初期。美国在智能投研领域率先进行了探索，早在2000年，美国黑石集团开发了Aladdin系统，使用自然语言处理技术对文档进行解析，提供风险管理和投研咨询信息，已初具投研雏形。经过近20年的发展，已形成了具有较高知名度的几家头部企业，如AlphaSense、Kensho等。而中国智能投研行业还处于较为早期的阶段。2015年前后，传统金融机构、传统金融数据服务商入局，开始探索，在2017年前后，一些创业公司陆续成立，关注度和投资热度均有所提升，代表性企业有文因互联、通联数据、鼎复数据等。国内企业主要还是依托于二级市场，推出搜索类、问答类、解析类、风控类等产品，面向金融机构、政府部门、金融中介等不同客户群体。以下是从智能投研概念出现到初步发展历程中几个关键性事件[1]：

2001年，Tim Berbers Lee在《科学美国人》杂志上发表文章，首次提出语义网络技术，以及数据互联；

2004年，Palantir这家情报分析公司通过融合多源数据，构建互联

---

1 智能投研行业现状观察，https://www.sohu.com/a/246061989_473388

数据网络，从中发掘出事物隐藏联系。因帮助CIA反恐及找到本拉登而声名鹊起；

2010年，Alphasense通过整理碎片信息，为用户提供金融信息搜索，被称为投资者的Google；

2011年，IBM DeepQA团队研制的Watson系统在综艺问答节目Jeopardy中击败参赛选手，获得百万美元奖金；

2012年，Google在收购Metaweb两年后，推出基于知识图谱的搜索引擎；

2013年，Kensho以问答的形式为用户提供投资建议，被誉为金融投资领域的问答助手Siri；

2014年，天弘基金成立大数据中心，2015年建立投研云系统（信鸽、鹰眼）；

2015年，文因互联成立，陆续发布智能搜索、公告自动化阅读等工具；上市公司恒生电子发布智能小梵，可以实现智能搜索；

2016年，通联数据成立萝卜投研，产品包括智能咨询、智能搜索等；嘉实基金、华夏基金开始探索智能投研；

2017年起，国内多家智能投研创业公司成立，并陆续获得千万级别投资。

在具体实践应用方面，以号称智能投研领域的"Alphago"的

Kensho为例：

Kensho是智能投研最具想象力的先行者。2013年5月丹尼尔·纳德勒与程序员彼得·克鲁斯卡尔联合创立Kensho，总部位于马萨诸塞州剑桥市。

Kensho是一个将云计算与金融咨询业务结合起来的数据分析公司，目标是建立更智能化的信息数据平台服务于证券分析师和交易员，为客户提供更加优质、快速的数据分析服务。

Kensho的主打产品是叫"Warren"（沃伦）的金融数据收集、分析软件，拥有强劲的云计算能力、良好的人机交互界面和深度学习能力。目前产品只在高盛内部试运行，没有正式上市。

据福布斯介绍："在能够找全数据的假设下，对冲基金分析师团队需要几天时间才能回答的问题，Warren可以通过扫描超过9万项全球事件，如药物审批、经济报告、货币政策变化和政治事件及其对地球上几乎所有金融资产的影响，立即找到超过6500万个问题组合的答案。"可以看到，Kensho试图构建最全的国际事件数据库及知识图的综合图表模型，解决了当今华尔街投资分析的三大挑战，即速度、规模和自动化[1]。

1　智能投研Kensho研究报告，http://www.vccoo.com/v/8lx080

场景八：智能投顾

智能投顾起源于金融危机后的美国，Betterment、Wealthfront 等初创公司开启了其大幕，近几年传统金融机构也纷纷开始涉足智能投顾服务，智能投顾正处在向大众普及的阶段。权威在线统计数据网站 Statista 的数据显示，2017 年全球智能投顾管理资产达 2264 亿美元，年增长率高达 78%。预计到 2020 年，智能投顾管理资产规模占财富管理总资产规模的比例将超过 10%；到 2022 年，全球智能投顾管理资产规模将达到 1.4 万亿美元。同时，智能投顾的全球用户数量也将从 2017 年的 1290 万高速增长到 2022 年的 1.2 亿[1]。

一、何谓智能投顾

智能投顾（Robo-Advisor）是根据客户理财需求和资质信息、市场状况、投资品信息、资产配置经验等数据，基于大数据的产品模拟和模型预测分析等人工智能技术，输出符合客户风险偏好和收益预期的投资理财建议。智能投顾的理论基础源于马科维茨（Harry

---

[1] 埃森哲：智能投顾在中国

M.Markowitz）的现代资产组合理论，由马科维茨建立的均值方差模型，通过强大的计算能力计算出有效边界，然后根据不同投资者的风险水平在有效边界上做资产配置。智能投顾做的是一种被动投资，可以获得长期资产配置收益。智能投顾谋求的是为客户博取与系统性风险相匹配的贝塔收益。典型的智能投顾产品一般是投资一些关联程度比较低的ETF[1]。

根据美国金融监管局（FINRA）提出的标准，智能投顾的主要流程包括客户分析（客户画像）、资产配置、投资组合选择、交易执行、组合再选择、税收规划和组合分析。客户分析主要是通过问询式调研和问卷调查等方式收集客户的相关信息，推断出客户的风险偏好以及投资期限偏好等因素，再根据这些因素为客户量身定制完善的资产管理计划，并根据市场变化以及投资者偏好等变化进行自动调整[2]。

二、人工智能在智能投顾领域的创新

智能投顾发展的技术基础层面是云计算、大数据和人工智能。云计算为智能优化资产配置提供了强大的计算能力，是发展智能投顾的

1　广发证券: 计算机行业专题研究：人工智能在资产管理行业的应用，发展初期、效用待验
2　易观研究院: 2017-2018中国人工智能产业线路图

基础设施。大数据和人工智能则是智能投顾的核心技术。基于用户行为数据精准描绘用户画像,基于机器学习等人工智能技术构建资产配置、交易优化等算法,基于金融大数据迭代提升算法有效性,这三方面技术构成了智能投顾平台的核心竞争力[1]。在技术应用层面则表现为两大核心技术:一是自动化挖掘客户金融需求技术,财富管理科技要做的就是帮助投资顾问更深入地挖掘客户的金融需求,使产品设计更智能化,与客户的个性化需求更贴近,弥补投资顾问在深度了解客户方面的不足;二是投资引擎技术,在了解客户金融需求之后,利用投资引擎为客户提供金融规划和资产配置方案,设计更具智能化、定制化的理财产品[2]。

智能投顾相比传统的投资顾问,优势主要体现在三个方面:技术增效、降低门槛、降低道德风险。

1.技术增效:智能投顾专业高效,理性客观。技术上,智能投顾通过分散化的标的选择降低风险,依托海量数据实时调整策略,提高效率,并克服情绪化交易弊端,最优化投资方案,从而不断提升投资的专业性和有效性。

2.降低门槛,有效覆盖长尾客户。智能投顾以其技术上的高效、

1　长江证券: AI开启智能投顾黄金时代
2　易观研究院: 2017-2018中国人工智能产业线路图

便捷，有效降低了投顾成本和资金门槛，从而能够有效覆盖中低端长尾客户。

3.增强透明性，降低道德风险。传统投顾服务往往收费项目繁多且极不透明，以美国为例，传统投顾机构收取咨询费、交易费、充值提现费、投资组合调整费等近十类费用，总费率往往在1%以上。而智能投顾平台可将投资过程、费用交割等信息实时公开，且采用单一费率模式，平台通常收取0.5%以下的咨询管理费用，其他各项交易费用客户自行承担，有效增加了服务的透明性。由于收费模式透明，为了保持平台竞争力，通常总费率低于1%。智能投顾平台为了提高收入（咨询管理费用），有望进一步帮助客户压缩包括交易费用在内的其他费用成本。

三、智能投顾领域的应用实践

美国作为智能投顾的起源地，其智能投顾管理资产规模最大，也渐趋成熟。在美国，多家公司已具有成熟的智能投顾产品和稳定的盈利模式。除了独立型公司Betterment、Wealthfront等以外，大的券商如嘉信理财、先锋基金、E.Trade等，以及绝大多数的知名投行如高盛、瑞银、花旗、摩根大通、德意志银行等都纷纷进入这个领域。从趋势看，传统机构凭借已有的产品和客户优势，正逐渐占据主导地位。先锋基金旗下的"个人顾问服务"成为首个资产管理规模超过1000亿美元的智能投顾平台。

在欧洲，智能投顾提供商目前仍在探索可持续的商业模式，同时，主要的银行也陆续地介入这个领域。

亚洲作为中产阶级快速增长以及财富管理市场增速最快的市场，由于智能投顾业务在此地域起步不久，加上提供本地化财富管理服务的难度更大，智能投顾的渗透率仍较低。

在中国，多方参与的财富管理市场竞争日趋激烈，快速变化的客户群体及其需求、新兴的数字技术、趋严的监管政策正在重塑原有的财富管理模式。虽然智能投顾在中国起步较晚，但是其发展速度惊人，预计到2022年，智能投顾管理的资产总额将超过6600亿美元，用户数量超过1亿。当前，独立的第三方财富管理机构、传统金融机构和互联网巨头是智能投顾市场的三大主体，演化出了四种本地化的业务模式：独立建议型、综合理财型、配置咨询型和类智投模式。总体来看，中国智能投顾的现状是行业刚刚起步，参与主体众多，整体智能化程度低[1]。

---

1 埃森哲：智能投顾在中国

在应用实践方面，智能投顾按照人为参与程度的高低可以分为机器导向、个人导向和人机结合三种模式。

1.机器导向模式：

机器导向是指整个资产管理过程全由智能投顾进行操作的模式。一旦投资者建好资产配置组合，智能投顾就会对该组合进行追踪，随时改变资产配置组合，并进行红利再投资以及税收损失收割(Tax-Loss Harvesting)。这些操作全都由智能投顾完成，投资者不需要进行管理。下面以WealthFront公司为例介绍这种模式。

WealthFront公司创立于2011年，目前管理资产超过30亿美元，是典型的用计算机算法和标准的投资模型为投资者管理资产组合的公司，是美国最大的智能投顾公司之一。想要获得资产管理服务的投资者需要在网站上进行注册，在投资者完成注册之后，投资者的资金会转入Apex Clearing进行第三方托管保证资金安全。在托管期内，WealthFront会随时监控该投资组合的动态，并定期对投资计划进行更新，以便合理控制风险，使之始终落在投资者的容忍范围之内。

WealthFront提供税收损失收割服务，WealthFront会自动为投资者卖出亏损的证券，同时买入另一只类似的证券，将资本亏损部分用于抵消资本增值以降低投资者的收入税。税收损失收割服务可以分为每日税收损失收割服务(Daily Tax-Loss Harvesting)和税收优化直接指数化（Tax-Optimized Direct Indexing）服务，两者的区别在于收割标的不同，每日税收损失收割的收割标的是ETF基金，而税收优化直接指数化服务则是更进一步，会复制相应ETF基金的股票，把握每一只股票的税收损失收割机会。目前WealthFront每日税收损失收割服务的面向对象是所有投资者，税收优化直接指数化服务则是面向超过10万美元的投资者。通过这项服务，每个账户每年平均能够提高2.03%左右的税后投资收益。

此外，WealthFront还为投资者提供单只股票分散投资服务（Single-Stock Diversification Service）。单只股票分散投资服务是将单只股票逐步以无佣金、低税的方式卖出，并重新投资到多种类型ETF基金中。当投资者大量持有某只公司的股票时，需要完全承担这只股票的风险，包括股价波动、抛售时机不当等。结合投资者的资金需求、投资计划以及风险容忍度，Wealthfront帮助投资者在一定时间内逐渐卖出一定数量该公司股票，而且将卖出股票所得现金投资于分散化投资组合。

WealthFront的投资种类包含11种ETF基金：美股、海外股票、新兴市场股票、股利股票、美国国债、新兴市场债券、美国通胀指数化证券、自然资源、房产、公司债券、市政债券。这么多种类的ETF基金一方面有利于分散化投资，降低风险；另一方面有助于满足不同风险偏好类型投资者的需求。

在费用上，投资者开户的最少金额是500美金，前10000美金免费管理，超过部分收取0.25%的年费，这部分费用是WealthFront利润的主要来源。WealthFront具有推荐人制度，如果投资者邀请朋友在网站上进行注册，那么他们两人都能增加5000美金免费管理额度。除了交给WealthFront的年费，投资者还需要交0.12%左右的ETF基金持有费用。

2.个人导向模式：

个人导向是指资产配置组合由投资者创建，而智能投顾提供组合创建的工具以及分享的平台。下面以Motif Investing公司为例介绍这种模式。

Motif Investing是一个以主题为导向的投资平台，平台上的投资组合被称为Motif，包含不超过30只具有相似主题的股票或ETF基金，例如奥巴马医改法案、无人驾驶智能汽车等。投资者可以根据自己兴趣，直接使用平台上已有的Motif，也可以修改Motif中股票和ETF基金的组成和比重后再使用，更可以创建全新Motif。

Motif Investing提供强大的自助式投资组合设计工具，投资者可非常方便地修改、创建和评估Motif。此外，平台引入社交机制，投资者可以选择把自己的Motif分享给好友，大家共同对Motif进行讨论和优化。与国内不同的是，Motif Investing关注投资组合，而不是注重于个股讨论。

目前，在Motif Investing上官方提供的Motif有150个，平均年收益为16.3%，投资者建立的Motif超过18万个。除了提供Motif之外，该公司还提供了9个不收取佣金和年费的投资组合。这9个组合包括了股票和ETF基金，有保守型、稳健型和激进型三种之分，为各类投资者提供了短期、中期和长期的投资方案。Motif Investing对每个在网站上注册的投资者提供Investing DNA服务。Investing DNA服务是指网站提供一系列问题，涉及投资者年龄、投资期限和投资兴趣等，根据投资者在网站上填写的资料，评估投资者的风险偏好，为投资者建议合适的Motif。

Motif Investing受到美国金融行业监管部门的监管。如果公司倒闭或消费者账户内股票、现金被盗，美国证券行业保护公司会提供最高50万美元的保护。此外，Motif还有额外的私人保险公司保障。

在收费方面，无论投资者在某个Motif上的投资额是多少（最低不能低于250美元，保证金交易的账户余额不能低于2000美元），也无论该Motif由平台提供还是投资者建立，投资者按照Motif购买或出售一次组合，平台都会收取9.95美元，如果该Motif是由投资者建立的，建立者将获得9.95美元中的1美元。如果投资者交易的只是其中的一支证券，而不是一个组合，则每次收取4.95美元。

3.人机结合模式：

人机结合模式是指在平台上既有智能投顾为投资者提供投资服务，又有传统投顾为投资者提供资产配置组合建议。下面以Personal Capital公司为例介绍这种模式。

Personal Capital是一家在线资产管理及投资理财顾问服务公司，如今已有100多万注册用户，平台上跟踪的资金超过2260亿美元。Personal Capital上的传统投顾通过电话或者电子邮件提供服务，资产管理规模达到23亿美元。

Personal Capital主要提供两方面的服务：免费的分析工具和收费的传统投顾服务。免费的分析工具是指该平台通过自动化算法为投资者分析资产配置情况、现金流量情况以及投资费用，帮助投资者对自身的财务状况有更加清晰的了解，找出投资者资产配置组合中的潜在风险和不合理的投资费用，使投资者能够建立更加合适的投资组合。通过免费的分析工具，能够吸引更多的投资者使用Personal Capital。在此基础上，Personal Capital针对注册用户中资产规模较大的投资者推出了收费的传统投顾服务，通过组建专业的传统投顾团队，根据投资者的资产状况以及风险偏好程度，结合相关的资产管理模型，为投资者提供高质量的投资咨询服务，满足投资者不同的投资需求。其主要的收入来源于投资顾问的咨询费用，针对不同资产规模的投资者采取差异化的收费标准。

场景九：智能交易

　　2008年金融危机结束以来，投资银行领域已减少数万个职位，巴克莱(Barclays)、摩根士丹利(Morgan Stanley)和法国兴业银行等许多银行在交易部门大幅裁员。雪上加霜的是，交易行业在到处裁员的同时，还出现了自动交易化的趋势。自动交易模式减少了银行的用人需求，新一代量化交易员应运而生，这类交易员人数较少，主要根据数学模型来制订交易决策。2016年，高盛将600名交易员裁减至数名，表明机器替代人工已在金融行业崭露头角。可见，人工智能主导的高频交易时代离深度参与中国金融市场不再遥远，金融变革已经从资本端延伸到资产端。

一、何谓智能交易

　　关于什么是智能交易，目前产业界和学术界尚无统一的定义予以界定，我们暂时将其定义为利用人工智能技术的算法优势和深度学习能力，一方面对量化交易中所有的历史数据包括行情走势、经济指标的分析，做出大概率事件的交易模型，制定合适的交易策略；同时，根据市场新的变化，做出合理的调整及改变，通过适当的试错来分别适应单边，震荡不同的市场形态，再结合大数据的分析给出正确的判定。

人工智能进入金融交易市场，从1930年就已经开始孕育了，数学一直与金融同行。在计算机没有普及的时代，数学家就已经通过人工计算的方式参与了金融交易。计算机与互联网于20世纪80年代末期爆发，计算与传输都发生了质的飞跃，改变了交易者进行金融交易的方式。普通投资者只需要一台电脑就可以在家里交易证券产品，这在20世纪六七十年代则是无法想象的。如今，因为科技带来金融产品的不断创新与普惠，加速提升了市场交易的总量与频度，市场流动性充足，吸引了大批工程或计算机专业人才进入金融交易领域，从而刺激了智能交易的快速发展。

这里需要区别的一个概念是外汇交易领域中常见的"EA智能交易"，也叫程序交易系统或自动化交易程序，叫法很多，但统一指自动交易技术。其本质是一个电脑程序，由程序员把交易员的思路写成计算机程序，以此通过行情走势进行程序运算，自动买进抛出，低买高抛，完成整个交易过程。其虽有一定的智能化运行，但绝不是智能交易，在数据处理能力与运行算法上，EA自动化交易要简单很多。其仅仅处在根据简单的数据指标，做出一定运算执行的初级阶段，远远没有达到人工智能要求的"深度学习"与执行，不能根据市场的变化进行合理的调整及改变,因此称EA自动化交易为智能化交易是在概念上混淆视听[1]。

二、智能交易的基础与争议

智能交易令人恐惧之处在于,它们能以其强大的数据抓取能力、过目不忘的"记忆力"和极快的计算速度,通过深度学习等方式自行分析和发掘市场规律,并据此自动生成交易策略。这既不同于脑力有限的人类操盘手,也不同于依赖既有交易策略的传统程序化交易系统。

1. 数量化是智能交易的基础

自20世纪30年代开始,数学家们对金融数量化理论已有近80年的研究。21世纪开始,部分高等学府将金融数学纳为金融专业的重要课程。金融数学理论的不断完善奠定了智能交易的基础。

相对于理论研究,数学在金融交易中的实际应用节奏要稍慢一些,其发展充满戏剧性。麻省理工的历任数学系主任都是天才,其中爱德华·索普尤具代表性。他利用在麻省理工任教的便利条件,自学计算机编程语言,推演出"战胜庄家"的数学公式。以他的事迹为

---

[1] 智能交易系统阿尔法—解决股票、黄金外汇交易无需再看盘痛苦, http://blog.sina.com.cn/s/blog_19aace98e0102zjo8.html

题材翻拍的电影《21点》，讲述了数学天才们通过数学算法在赌场里大杀四方的故事。而现实中的爱德华·索普在拉斯维加斯赌场用数学算法赢了很多钱，却被庄家在咖啡里投毒，险些丢了性命。之后，爱德华·索普带着数学才华来到了华尔街，使用大数定律理论研究了一套科学股票市场系统。使用这种量化投资策略投资股票权证市场，让爱德华·索普在华尔街名声大震，这套对股票价格的分析方式也是布莱克—斯科尔斯期权定价公式的理论基础。接着他又出版了《战胜市场》一书，轰动了整个金融市场，被公认为数量化交易的起点，爱德华·索普也因此被人们称为"量化之父"。

量化交易是智能交易的原型，是将交易产品进行数量化分析，分析范畴包括投资胜率、获胜概率、仓位风控等必要参数。而当计算机与网络传输也加入金融交易市场时，量化交易则被计算机赋予自动化的能力，于是智能交易时代到来[1]。

2. 智能交易的争议

智能交易可看作金融交易市场的工具或武器。随着科技的发展与监管的完善，智能交易形成了两个重要的发展方向：空隙交易与价值策略。

（1）空隙交易

---

1 人工智能机器交易发展追溯，http://www.dzlcgw.com/cfsh/article.aspx?id=1373

在20世纪80年代，SOES系统进行量化交易时，不断涌现出的自动化交易公司多半专注于空隙交易。交易员利用美国股市多家做市商不能统一报价的间隙，在计算机上开发出迅速买卖的快捷程序，通过计算机在做市商之间快速倒卖股票而获取利益。虽然这种"剥头皮策略"的空隙会很快被机构防范，但是新的空隙又会再次出现并被利用。空隙交易的关键是交易速度的比拼，速度可以造成信息不对称，这便出现了掠夺性交易机会。

因此，从20世纪70年代开始，金融市场里那些臭名昭著的高频交易公司，在交易池里不断上演着"速度与激情"的戏码。从中国的金融交易市场规范中可以看出，中国股指期货市场上的行情公布频率是500毫秒，这就意味着交易员对这500毫秒内发生的事情浑然不知。但是，这对能够直连交易所的交易员毫无影响，因为通过直连交易所，交易机器可以观察到这500毫秒内所有的报价和成交信息。"天下武功唯快不破"。但直连在中国是违法的，这种利用机制上的漏洞进行高频交易，其本质是投机行为，有违市场投资准则，在全世界都受到诟病。

（2）价值策略

相对于单纯通过速度差造成的空隙交易，价值策略偏重于对金融投资的深度理解和前沿科技应用。

虽然人工智能的进步，让Alphago在围棋方面已经完胜人类，但它最大的弱点在于不会迁移学习。迁移学习是目前机器学习领域的前沿科技，可以让人工智能做到举一反三，通过找到两个或多个不同应用场景的共性，把A领域的模型和经验迁移应用到B领域。

另一个重要原因是智能交易需要与条件市场相匹配，股市的波动率是由多因子影响组合形成的。在国内，政策因子对股市影响的导向性尤为突出，海外智能交易策略中将信息因子对标（经济指数）采集分析的方式在中国证券市场会严重水土不服，这正是价值策略的核心。价值策略的精髓在于结合多种因子（价格影响因素）的算法拟合，因子包含了价格、交易量、外部数据、消息面影响等，这是数理专业人才发挥才能的领域。

价值策略是在符合投资者价值观的框架下进行的。以股票为例，智能交易选择的因子信息包含了企业的经营数据、行业自动化分析、政策、资金博弈、历史行情周期等，这些因子都是人类投资必要的调研基础信息，智能交易只是让计算机代替人类对这些数据进行自我学习。标的物为期货的机器交易选择的因子信息包含了历史行情周期、国际贸易数据、政策信息等，这与将人类分析替换为机器人分析如出一辙。

再如金融衍生品期权。期权是由数学家们将标的物的资产价值结合交易因素进行公式化后创造的。通过数学公式创造金融衍生品的从业者被称之为宽客（Quant），所以，不具备数理能力的人深涉金融衍生品交易是非常困难的，这也是华尔街拥有工程与计算机科学专业背景的人才大受欢迎的原因。价值策略的智能交易符合良性市场投资方向，它为市场提供了很强的流动性，同时对实业发展起到增益价值，未来有着广阔的发展空间[1]。

3. 智能交易的优点

与人工交易和EA智能交易相比，智能交易具有以下优点：

（1）由于智能交易系统综合了众多外汇交易高手的智慧和经验，等于是站在了巨人的肩膀上，其交易的策略选择与行情判断，仓位控制与交易纪律，风险控制和赢利能力都会毫无疑问地大大高于人工的手动操作。

（2）电脑自动下单可以保证下单更快，提高平仓速度，可以更敏感地根据价格变动和趋势变动。

（3）电脑可以克服人性中的弱点，该买则买，该卖则卖，无犹豫，无贪心，赢则不狂妄，亏也不沮丧，避免了情绪化操作。

（4）电脑可以每天24小时不间断地监控行情，并在适当的时机和点位自动进出场，完全不用人工的干预，可以让您在夜晚安枕入眠，

---

1 人工智能机器交易发展追溯，http://www.dzlcgw.com/cfsh/article.aspx?id=1373

在白天安心从事别的工作。

（5）最后也是最重要的，就是盈利的保障。能赚钱才是硬道理，人工智能外汇全自动交易系统虽不敢保证百战百胜，但由于融合了众多外汇高手的智慧与经验，加上严格的止损和风险控制，仓位控制，所以绝无过量交易，绝无情绪化交易，绝无人工操盘中无法避免的贪婪与恐惧[1]。

三、智能交易领域的应用实践

1.闪电崩盘事件是否可以避免？

2010年5月6日，股市一开盘，道指就开始下跌，但跌幅并不大，到下午2点，道指只下跌了1.5%。临近下午2点30分，一些个股因波动率上升，触发了纽交所个股波动管理机制——流动性恢复点（简称LRP），一些股票的交易出现延迟，涉及的个股也从100只扩大到2点30分的200只。下午2点42分，股指开始出现自由落体式的下跌，短短的几分钟时间内，股票现货市场巨幅下挫，紧随其后，标普500股指期货开始下跌，期现货价格出现螺旋式下跌。到下午2点47分，道

---

1 智能交易系统的优势，http://www.sohu.com/a/226084133_676433

指下降了约1000点。但市场很快又上演了惊天回转，5分钟内道指迅速反弹，20分钟后的下午3点07分，股指又上涨了600点。5月6日，是美国股市历史上最大的日内波动，美国商品期货交易委员会（以下简称CFTC）称之为金融市场历史上波动最显著的时期（参见图2）。当天，成交量也创下了天量，股市成交量194亿股，为2009年四季度日均成交量的2.2倍，还是纽交所历史上成交量第二大的交易日，纳斯达克历史上成交量最大的交易日。

美国证监会主席夏皮罗在2010年底的参议院证词中指出，在5月6日下午2点之后，一些股票的价格大幅下跌，日内跌幅超过20%，这就触发了纽交所的个股波动管理机制——流动性恢复点，这些股票的交易出现延迟。计算机程序读取到这一消息后把订单自动路由到另类交易系统，另类交易系统流动性较差、订单较为稀薄，大额卖单涌入导致价格巨幅下跌，触发了众多程序化交易的巨额卖单，有的个股还出现了1美分的极端价格。程序化交易以当前行情信息为主要决策参数，一旦交易行情触发了事先设置的阈值，众多交易者几乎会在同一时间生成同一买卖方向的订单，订单失衡、价格异常的信息在被计算机程序读取后又触发生成新的订单，市场上各种产品价格趋势也大致相同，彼此间相互强化、形成"共振"。2点42分之后，当计算机程序读取到极端低价时，又自动触发买入订单的生成，巨量的买入订单将价格迅速拉升，随后的10分钟内各指数都上涨了约5%，市场以极快的速度恢复稳定。

事件过后，人们对于EA智能交易的担忧始终萦绕在心头，而对于比EA智能交易更加前沿的智能交易，也同样带有隐忧。相对来说，人工智能的优势在于能够提供非线性关系的模糊处理，弥补了人脑思维模式的局限，同时利用相关算法，可以大幅提高数据挖掘与处理效率。借助人工智能，量化投资策略会变得更加丰富，如基于人工智能在多因子选股领域对因子的充分挖掘。对于量化投资来说，这将会是分析师的经验和人工智能的融合。"AI+"的模式将会成为量化投资领域的发展方向。人脑的抽象思维、情感思维是目前人工智能所不具备的，而人工智能的模糊运算和计算能力也是人脑所不能达到的，二者的相互结合或许会成为未来量化投资领域的一个方向。

2. 实践应用方面，全球首支人工智能ETF"秒杀"人类。

2017年10月，美国金融市场又杀出黑马。一支名叫AI Powered Equity ETF（AIEQ）的人工智能ETF，仅交易两天，就轻松跑赢美股大盘。

AIEQ由旧金山EquBot公司推出，该公司是IBM全球创业者计划的一部分，并与ETF Managers Group合作，利用IBM Watson超级计算机进行大数据处理，并分析美国境内投资机会，对股票投资进行主动管理。

据媒体报道，AIEQ利用人工智能和机器学习，对全美6000多家上市公司进行分析，构建上百万份资料和众多金融模型，从当前经济形势、未来趋势以及公司重大事件等方面进行深度分析后，再挑选出包含70支股票的投资组合。

股票选好后，将由ETF Managers Group的一个基金经理团队对投资组合进行再权衡。

EquBot联合创始人Art Amador称，信息大爆炸使投资组合管理者的工作量大增，带来巨大挑战，而人工智能可以帮助解决这些困难。

交易三天后，AIEQ的回报率为0.8%，比同期标普500指数涨幅高出一倍有余。不过分析也指出，AIEQ长期盈利表现如何，还要继续观察。

目前AIEQ的规模较小，只有700万美元。值得注意的是，AIEQ的费率为0.75%，比被动ETF的平均费率0.58%要高，但略低于主动性ETF平均0.85%的费用[1]。

1　颤抖吧，交易员！全球首只人工智能ETF"秒杀"人类，https://wallstreetcn.com/articles/3036787

场景十：智能理赔

保险作为一种保障机制，用来规避风险，提供稳妥而可靠的保障。但保险手续繁琐不及时，有时却会让效果大打折扣。传统理赔过程好比是人海战术，往往需要经过多道人工流程才能完成，既耗费大量时间，也需要投入许多成本。

一、何谓智能理赔

智能理赔主要是利用人工智能等相关技术代替传统的劳动密集型作业方式，明显简化理赔处理过程。以车险智能理赔为例，通过综合运用声纹识别、图像识别、机器学习等核心技术，经过快速核身、精准识别、一键定损、自动定价、科学推荐、智能支付这六个主要环节实现车险理赔的快速处理，克服了以往理赔过程中出现的欺诈骗保、理赔时间长、赔付纠纷多等问题。根据统计，智能理赔可以为整个车险行业带来40%以上的运营效能提升，减少50%的查勘定损人员工作量，将理赔时效从过去的3天缩短至30分钟，明显提升用户满意度[1]。

---

1 艾瑞咨询：中国人工智能＋金融行业研究报告（2018）

智能理赔主要流程示意图（以车险为例）[1]

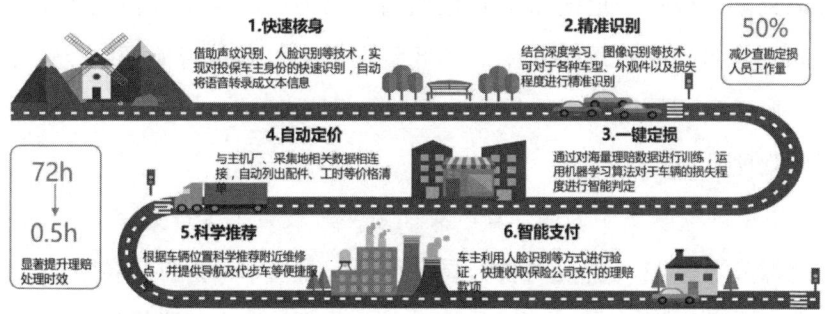

二、人工智能在智能理赔领域的创新

近年来保险公司积极运用大数据、云计算、物联网、人工智能和区块链等技术在理赔服务端开展尝试，图像识别技术实现了快速定损和反欺诈识别。

1.图像识别技术提高理赔效率

图像识别可以通过人脸识别、证件识别（还包括不属于图像的声纹识别）等方式进行身份认证。更重要的，图像识别还可以处理非结构类数据，比如将笔迹、扫描、拍照单据转换成文字，对视频、现

---

1 艾瑞咨询：中国人工智能+金融行业研究报告（2018）

场照片进行分类处理,等等。在理赔环节,基于图像识别技术,能快速查勘、核损、定损和反欺诈识别,比传统的人工核损流程节省时间,能明显提升理赔效率,降低骗保概率。采用智能理赔风险输入、加工和预警输出,能够定义风控规则进行筛查,完善理赔风险闭环管理机制。

以德国安联集团为例,安联集团近年来设置了全球数字工厂、区块链保险联盟B3i,并与科技公司合作引入新技术,为自身转型助力。其中,德联易控科技(北京)有限公司(以下简称"德联易控科技")作为欧洲第一家研发车险理赔领域图像识别技术的公司,与安联集团已合作了16年之久。保险产业链中存在着大量重复性的数据和人工劳作,这也是越来越多的保险公司将人工智能技术应用在保险产业中的原因[1]。

2. 精准高风险识别

此外,通过大数据,能提高信息搜索、流转效率与准确度,自动识别场景中的风险,对保险操作风险进行积极管理,提升服务时效和服务质量。

基于人工智能建模技术的开发,相比传统的智能风控技术,模型拥

---

1 人工智能+保险理赔的化学反应,http://insurance.jrj.com.cn/2018/07/28142724874670.shtml

有强大的自学习能力。它可以从数据自身特点出发，以异常行为作为学习规则，通过自聚类、回归分析等技术手段对合规、合理与高风险医疗行为搭建分类器，结合健康险政策、规范化路径及医疗知识库，对案件的输出配备相应的医学和政策解释，作为核查及控费的指导依据。

三、智能理赔领域的应用实践

理赔流程与人工智能的结合正成为一股浪潮。从2016年开始，中国人保打造"心服务·芯理赔"的一站式服务及智能理赔一体化处理模式；紧接着，中国平安实现"智能认证"和"智能理赔"服务；泰康在线推出的"一键闪购""一键闪赔"的智能"双闪"服务……可以看出，人工智能技术在对查勘定损、欺诈识别及协助理赔等索赔管理程序进行自动化处理，在提高理赔处理效率等各个方面得到了越来越广泛的应用。"人工智能热"导致了人们对保险科技特别是人工智能的期待非常之高，甚至希望人工智能改变一切。

2018年7月，蚂蚁金服宣布：利用人工智能就可以实现快速理赔，而且是在无人操作和干预的情况下。这不仅仅是国内首创，也是全球保险行业的首创，给整个保险行业和用户带来了很大的便利。

蚂蚁金服表示，这种人工智能理赔，和我们以往保险理赔最大的区别就是时效特别快，用户只需要上传自己的相关票据，通过智能手机的识别、后台的审核，就可以马上收到赔付款。以前这样的操作流程特别繁琐，大约需要两天以上的时间才能拿到赔付款，而现在分分钟就可以搞定，可以说钱款秒到账。支付宝推出的由蚂蚁保险提供的"多收多保"是支付宝专门针对线下小商家的，商家只要使用支付宝收钱码收款，就可以获得门诊保险，而且商家用支付宝收到的款越多，那么保额就越高，平时在医院里的费用都可以报销，包括一些日常的感冒发烧、磕磕碰碰都可以报销。

而对于用户来说，最重要的就是产生医疗费用后，会不会给报销，以及需要多长时间报销款才能打到自己的支付宝上。实际上很多用户表示，从上传相关凭证到审核到拿到赔付款都不超过2个小时，赔付款会直接打到用户的支付宝上。因为加入了人工智能技术，很多用户就不需要担心了，只需要进入索赔界面，拍照上传相关资料，人工智能就会自动判断资料是否符合相关的要求，并时时提醒和通知用户，同时还可以辅助用户拍摄的角度、清晰度。对于用户上传的数据，人工智能会时时进行分类和整理。

令人称奇的是负责整个蚂蚁保险团队人数仅有20人，全部依靠人工智能、大数据、云计算，同时其准确率可以达到99.99%，错误率几乎为零。在上线时间只有7个月时，就已经有近3000万商家领取，平均每天有近一万人在支付宝里报销。一些日常疾病、急诊、门诊都可以报销，单笔最高可以报销200元，报销次数不限，但报销的凭证和相关数据必须真实[1]。

除了互联网和保险巨头，部分智能理赔服务平台也在近年来取得了快速的发展，比如：2018年12月7日，健康险智能理赔服务商璞映智能完成2000万天使轮融资，投资方为泰岳创投、安丰创投等。据悉，璞映智能成立于2017年10月，面向险企、经代公司和保险科技公司提供专注于健康险的智能理赔和理赔管理服务。董事长王作梁前后经历3次创业实践；CEO果然是北美精算师出身，2015年回国加入复星国际负责海外保险并购业务，2017年参与创办璞映智能。

国内商业健康险市场是高增长高潜力的巨大蓝海市场。随着个人卫生支出增加、人口老龄化来临、城镇化进程加速、中等收入群体壮大、慢病人群扩大，人们的健康保障需求越来越强烈。健康险正进入发展的快车道，市场需求量迅速增长。《中国商业健康险白皮书》指出，从2013—2017年的中国保险市场原保费收入复合增长率看，整体增速为20.7%；其中，健康险增速为40.6%，远高于其他险种。

从消费者的角度考虑，购买健康险，能否获得理赔、多久能获得

---

[1] 支付宝又带来新福利，全球首款人工智能理赔，保险瞬间到账，https://baijiahao.baidu.com/s?id=1606419515066039652&wfr=spider&for=pc

理赔是最让人关心的问题。能否获得理赔，需要看出险原因是否在保险责任范围内，一旦保险公司能够确认理赔，理赔时效就很关键。保险公司理赔服务效率越高，消费者就能越快获得赔付。目前从事保险公司第三方服务管理（TPA）的公司以及对医疗保险产品提供理赔管理和支持服务的专业化机构在改善消费者理赔服务体验方面发挥着重要的作用。但这种模式也存在着一定的问题。

传统TPA的服务模式依赖于人工处理理赔材料，效率低下且容易出错。一份清单需要录入的字段信息逾百项，同时还需要经验丰富的从业人员准确判断药品和诊疗项目的类型（甲类/乙类/丙类），以便确认赔付比例。导致这种现象产生的原因有两点：一是数据的结构化处理技术不成熟，难以实现理赔理算作业的自动化。二是缺乏足够精细颗粒度的数据将保险责任通过规则化的数据配置自动化处理。也正是基于这两个痛点，璞映智能提出基于大数据的流程自动化，重塑、赋能保险产业。

2018年4月，璞映智能上线了智能理赔引擎。用户向保险公司发起理赔请求提交医疗票据，璞映会从用户提交的影像件中提取精细的字段数据，输入自动理算逻辑引擎，由机器对理赔信息进行处理、计算理赔金额，并由智能控费引擎，将结构化数据中的常见的免责信息分类、不同风险程度的信息分类，以保证控费的合理性。最后向保险公司输出理赔结果。

这其中，要用到OCR识别技术对医疗票据清单进行识别，并由自动化理算逻辑引擎根据关键字段将清单信息自动匹配到相应的药品库和诊疗库，由此确定清单上所有项目的类型和赔付比例。在此过程中，能够识别的字段越多、准确率越高，意味着能将更精细化的保险责任进行规则化、自动化处理。目前对于门诊急诊、医疗补充险类的票据清单，机器的自动化处理率已经达到90%。此外，对于可疑的理赔案件，还会有人工复核以降低欺诈风险。

在盈利模式上，智能理赔以理赔服务费为主，按件计费。据了解，目前璞映智能服务的保险机构包括国寿、永诚、安心、永安、众惠、京东数科、保险极客等。在业务发展规划上，璞映智能的发展规划分为了"三步走"：智能理赔服务商——流程自动化服务商——健康数据运营商。第一步是通过刚需、高频的理赔服务切入保险公司SaaS服务市场，做透理赔端。第二步是不断深入"承保端+理赔端"流程自动化服务，打造有核心竞争力的保险SaaS服务平台。第三步是在积累了大量的数据之后，向"健康+险"领域输出基于自动化系统的数据运营服务，成为健康数据运营商[1]。

---

1 璞映智能获2000万天使轮融资，从理赔端切入保险公司SaaS服务，https://www.iyiou.com/p/87070.html

场景十一：智能保险

在保险的市场演化过程中，技术和数据一直是重要驱动力。保险业在信息技术迅速发展的时代，从数字化阶段，迈入网络化阶段，又迈到智能化阶段。人工智能技术与金融保险数据深度融合催生的智能保险，在大幅提升效率的同时，也正加快改变着保险服务的广度和深度。

一、何谓智能保险

智能保险是指将人工智能、大数据等技术与保险相结合，实现保险业务智能开户、智能保费定价、智能核保、智能理赔等全流程智能化、在线化，提升保险客户体验和风险防控水平，是将科技与保险相结合的一种新模式。

智能保险逐步实现服务流程自动化：

1.智能产品设计。人工智能可以改进产品体验，进行在线产品设计和内容推荐，为消费者创造高频碎片化的保险产品。多维大数据能够辅助保险精算更准确度量风险，提升产品风险定价能力，提供差异化定价，实现产品创新和个性化定制。

2.智能营销。人工智能的精准产品推荐（通过用户洞察将营销活动定向、精准投放到最优质的用户）和简单便捷的购买方式，大大优化了客户体验，也极大降低了营销人力成本。尤其智能交互机器人可以与消费者进行交互，其知识推理（运用知识图谱）可以非常高效且相对准确地了解客户。它还可以帮助营销员筛选客户信息、查询保单和费率等，从而提高客户存留率，实现客户价值最大化。

3.智能投顾。智能投顾的核心是数据的沉淀积累与算法模型，可以根据客户的风险承受水平及风格偏好等要求，或者基于客户自身理财需求，运用一系列智能算法及投资组合优化等理论模型，为客户提供最终的投资参考，更好地指导客户购买保险。这能够提高客户需求的响应程度，生成定制化的解决方案。

4.智能核保。运用核保模块，先根据规则筛查保单，进行在线核保（如果遇到"有问题"的订单会转移到人工平台进行审核），大大简化了核保流程，使承保条件更宽松，提升了常见非标人群的投保便捷度，更省却了大量的投保、核保、照会时间，极大提高了核保效率。

5.智能理赔。基于图像识别技术，能快速查勘、核损、定损和进行反欺诈识别，相比传统的人工核损流程可以大大节省时间、提升理赔效率、降低骗保概率。而采用智能化的理赔风险输入、加工和预警输出系统，能够通过诸多风控规则进行筛查，完善理赔风险闭环管理机制。未来的保险理赔，将是全流程自动化的，使消费者享有更好的保险体验。

6.智能客服。人工智能的语音识别及语音智能分析技术、人脸识别技术（人脸信息上传到后台，会变为一段段串码，这些串码不会还原为图像，可确保客户隐私不会泄露）、摄像头、红外线、压力、体积传感器等技术能够帮助险企清晰地识别客户，可以感知客户购买保险过程，进而为客户提供高效贴心的标准化服务，增强对客户的服务能力。智能客服可以大幅度减少耗时费力的重复性人力工作，从而降低运营成本，提高信息搜索、流转效率与准确度；并能通过大数据，自动识别各工作场景中的风险，对保险操作风险进行积极管理，提升服务时效和服务质量[1]。

二、人工智能在智能保险领域的创新

1. 差异化定价逐步成为可能选项

"我开车少，平常遵守交通规则，一年很少违章，为什么还要和别人交一样的保费？"传统"一刀切"式的车险定价不仅让车主困惑，也让保险行业思考，如何才能如何让客户的风险状况与保费相匹配？人工智能在保险业的试水，从"人"本身入手，采用大数据分析，对不同的投保人进行差异化定价或者说是精准营销。去年，蚂蚁金服保险

---

[1] 一篇文章看懂智能保险的发展基础、问题瓶颈和未来趋势，https://www.iyiou.com/p/78990.html

数据科技实验室推出的"车险分",可以对车主进行精准画像和风险分析,量化为300—700分不等的车险标准,分数越高代表风险越低。

比如,已婚已育人群的风险往往比单身人士低;长期在两个地点之间往来的人群,比没有固定出行线路的人群要低。类似这样,通过对一系列不同车主包括驾驶习惯在内等多维度因子的考量,保险业总体的精准定价能力得到提高。对客户个人来说,可以进行最匹配其自身情况的投保,避免不必要的支出;对企业来说,提供更有竞争力的服务和价格,可以使它们在自由市场之中实现从亏损到盈利的转变。

2. 人工智能反欺诈能力破局传统人工识别

人工智能在我国保险业的反欺诈运用中同样添了一笔。保险人士曾做过估算,目前我国因保险诈骗产生的费用占保险公司支出费用的15%—20%。美国金融科技公司ZestFinance,利用机器的深度学习,从传统反欺诈的脆弱点着手,通过机器收集大量异构、多元化信息,形成了共享库。

之后,发挥机器学习的功能,搭配模型算法技术,可以从传统历史数据中量化抽取风险特征指标,建立人工智能反欺诈模型。这一模型已经在国外的银行业实现了实时在线对交易数据进行欺诈识别。但事实上,在国内,目前将人工智能的深度学习技术与反欺诈相结合的应用还比较少。如果未来国内保险行业能引入这一技术,无疑将向市场健康化发展迈进一大步。

3."AI+共享经济"模式建立理赔资源云平台

中小保险企业由于规模，人力资源，品牌效应等不足，在运营成本和客户服务两者之间常常难以取舍。以车险为例，在进一步的车险降费之后，保险公司收的保费减少，而保险责任却增加，保险行业老三家的竞争优势更为明显，中小险企却由于较高的赔付压力而使盈利颇为艰难。

"AI+共享经济"的新模式，通过互联网大数据，人工智能处理车辆出险查勘派单、赔付等流程，为中小保险公司机构、人员配置的瓶颈问题开辟了新的道路。2017年12月18日，北京地区行业车险理赔共享服务网点正式启动。此前，由中保协牵头，蚂蚁金服、滴滴参股的中保车服科技服务股份有限公司也采用了共享经济模式，拟打造一家开放式共享的互联网车险理赔平台，服务对象直指中小财险公司。过去，中小保险公司服务网点全面覆盖和人员产能不足之间的矛盾得到了一次全新意义上的解决，这些新生企业或不会再为理赔能力跟不上而被客户抛弃。

4. 虚拟代理人喊话去掉尾大不掉的复杂机构

面对现实世界当中千变万化的财富和风险情况，尽管保险正变得越来越复杂，但保险机构或可以趋向越来越精简的模式。在互联网和现代科技工具的作用之下，保险行业的服务能力渐达饱和，引入人工智能虚拟保险代理人代替产能较为薄弱的机构，可以让过去保险业尾大不掉的局面大为改善。

美国保险公司Lemonade采用名叫"Maya"的人工智能程序为投保人计算保险利率。"Maya"可以完成回应消费者的咨询，对保险条款进行解读，发送保险计算报价等一系列传统保险代理人的主要工作内容。当然，人工智能的作用不仅仅是代替，还是在职业能力上新量级的提升。人工智能可以通过数据的录入和训练迅速成为保险专家，做到专业的人工代理人所无法做到的定制化保险产品。

马萨诸塞州的保险科技创业公司Insurify推出的线上保险代理智能机器人Evia，通过用户提供的一张车牌照片就可以为客户提供量身定做的保险推荐，其具体的过程是：公司人工智能系统接受照片——开始搜索保户的个人纪录——判断其个人信息和驾驶记录——最后，将用户风险特征和保险公司偏好进行智能匹配。Evia所完成的每一份保单都是私人定制，并将解决客户问题的过程一步步推至完美[1]。

---

1 在打破传统保险业的"玻璃屋顶"之前，"AI+保险"还需跨过几道坎，https://www.iyiou.com/p/70585.html

三、智能保险领域的应用实践

2017年9月,平安集团旗下金融科技公司金融壹账通首发"智能保险云",首次推出"智能认证""智能闪赔"两大产品。其中,"智能认证"将给保险公司的投保、理赔、客服、保全等传统模式带来智能化革新。而"智能闪赔"将为车险行业带来超过200亿元的渗漏管控收益,带动理赔运营效能提升40%以上。"智能认证"主要是利用人脸识别等人工智能技术为每位客户建立起生物档案,完成对人、相关行为及属性的快速核实。人工智能的相关技术繁盛发展,在生物识别领域,除了热门应用如指纹、脸部、虹膜识别技术之外,声纹识别技术也被认为很有潜力,从目前发展来看未来将会是一片新蓝海。

2018年,泰康在线在人工智能的生物识别领域,率先应用声纹识别技术,步入闻声即可识人的智能发展阶段。据了解,声纹是对语音中所蕴含的、能唯一表征和标识说话人身份的语音特征参数及基于这些特征参数所建立的语音模型的总称。在保险领域,声纹识别应用于用户登录、支付、撤单退保、理赔等服务环节,能够大大提高账户安全性,快速准确进行身份认证,解决其他认证方式的延时问题。目前,声纹识别已经在泰康在线移动客服App上使用。以登录为例,泰康在线座席服务人员在移动客服App里预留8位数字声音后,系统可为每位座席建立个人识别模型,下次客服登录将免去再次输入账号密码的操作,直接读取8位数字,声纹识别身份验证通过后即可登录,此时声音即安全密码。

值得注意的是,2018年7月,江苏银行依托大数据和人工智能等先进的科技,在银行业内率先推出首款智能保险服务"阿尔法保险",革新了银行业内传统的保险服务模式,通过智能化的手段,让优质、便捷的保险定制服务触手可及,让每个人都可以拥有专属的保险顾问。

区别于普通的流程化保险产品,江苏银行"阿尔法保险"更类似于一种智能化服务,具有高参与度、高定制化和高自由性三大专属优势。第一是高参与度,阿尔法保险具有完善的测评系统,可以通过用户回答的包含性别、年龄、家庭结构、存款贷款资产负债状况等系列基本问题,建立用户基本画像,更贴心地了解客户需求。智能问答的形式可以让用户高度参与产品。用户既是保险的享受者,也是制定者。第二是高定制化,为多维精准了解用户,阿尔法保险通过"AI+大数据",运用改良的数据模型与专家策略分析,实现智能计算,为用户量身定制保险方案,仅需几分钟就可定制保障方案,更可实现一键购买保险组合。第三是高自由性,由于每位用户的画像及风险防御能力的不同,阿尔法保险描绘出24个人生场景,涵盖人生不同阶段,全面立体地解决用户心理和实际的保障类需求。"六大险种+24个场景"让用户可以根据需求，自由搭配保险险种，为自己或家庭定制专属的保险产品[1]。

场景十二：智能机具

随着智能终端设备的快速普及和移动互联网的迅猛发展，人们的行为模式也发生了显著的变化。在金融服务、支付领域，这种改变尤为明显。

一、何谓智能机具

金融领域的智能机具是指随着人脸识别、静脉核验、虹膜识别等生物识别技术越来越广泛应用于金融自助设备，ATM交易效率和安全程度大幅提升，传统ATM需求增速放缓，具有大额高速存取款、发卡、转账、查询、回单打印等功能，支持存折、存单、支票，可购买理财以及进行理财测评等特色业务模块的升级版现金类智能设备悄然兴起，诸如智慧柜员机、超级柜台等非现金类自助设备将越来越得到

---

1 江苏银行在业内首推智能保险服务 为保障配置点亮智慧"双眼"，http://bank.hexun.com/2018-07-23/193538489.html

市场青睐，引领行业发展。

智能机具是实现智能银行的重要载体，智能银行业务办理高效快捷的主要原因是通过智能机具完成了大量业务凭证扫描、各种协议签订和相关信息确认等工作。为此，要实现网点智能化就应该充分利用智能机具的业务流程优势。

第一步，明确低柜柜员具有"现场指导+现场营销+现场审核+柜口处理"的职能；

第二步，以智能机具覆盖营业网点的所有低柜，每个低柜柜员负责一台智能终端（智能打印机和产品领取机等可以视情况配置），客户到网点办理现金业务时，由大堂经理负责引导到ATM或高柜办理业务；办理非现金业务时，由低柜柜员现场指导"客户自助办理"，期间可以开展产品营销和业务宣传，对"客户自助+现场审核"无法办理的业务，再通过"客户预填+柜口处理"方式办理；

第三步，一段时间后，可尝试一个低柜柜员负责两台智能机具；

第四步，逐步关闭高柜的个人账户开户、销户、卡启用、个人挂失、修改印密、汇款、转账、定制维护各类协议和签约、修改及补录维护各类信息、查询、账户冻结、解冻等功能；

第五步，减少高柜数量，让"解放"出来的柜员走进营业大厅，在协助客户办理各类业务的同时开展产品营销[1]。

二、人工智能在智能机具领域的创新

以银行为例,随着众多智能设备的投放,银行网点进入"机器解放人"的时代,几乎在所有银行网点都能看到在自助设备上办理业务的客户。据不完全统计,目前的银行智能助手已经有以下八种[2]:

1.智能机器人。工商银行、民生银行、交通银行、平安银行等银行的很多网点均投放了一些智能机器人充当大堂经理,它们不仅能提供迎宾接待服务,还能从事业务咨询、宣传讲解、娱乐互动、主动营销、投诉处理等服务。

2.存取款一体机。如今,存取款一体机已经成为银行的标配。存款功能方面,有的银行只能插入银行卡操作,而在工行、建行、农行等大部分银行的存取款一体机上都已经有"无卡存款""无折存款""无卡无折存款"等功能条。点击进入后,需要完整输入卡号或存折号码两次,核对完账户和所有人名字之后,电子屏幕下方的存钞口

---

[1] 智能银行服务模式下运营风险分析和优化建议,http://www.sohu.com/a/124646083_465539
[2] 银行自助智能设备已至少八种!银行流水自己打印,大堂经理换成了机器人,http://tech.hexun.com/2018-09-13/194074995.html

会打开，客户将面值100元的钞票放入存钞口内，机器开始清点。清点完毕后，不合格的钞票会被要求取回，屏幕上会显示合格的钞票张数和总金额，客户确认后，还会显示一遍账户、户名、存入金额等信息。最后确认后，交易完成，可选择打印凭条。值得注意的是，只能存入面额100元的钞票，每次最多放100张，所存账户可以是自己的，也可以是别人的。

而在取款功能方面，除了传统的插卡取款方式之外，随着银行存取款方式的不断创新，无卡存取现金已经不是新鲜事。现在无卡取现的最新方式当推刷脸取款。站在ATM前，让摄像头照一照，然后输入几个简单信息，钞票就可以从取款机里吐出来。听起来像科幻小说一样的情节，现在已经成为现实。目前，招行、农行、建行等银行的部分ATM已经具有刷脸取款功能。

3.纸硬币自助兑换机。中国银行、农业银行、建设银行、兴业银行等大行都有纸硬币兑换机，纸硬币自助兑换机具备纸币兑换硬币、硬币兑换纸币双向功能，硬币兑换币别分别为1元、5角和1角；纸币兑换面额为10元、20元、50元、100元。

4.自助购票机。现在很多银行已经投放了自助购票机，如建行云南省分行，昆明市内五华、官渡、西山、盘龙、呈贡和安宁等区市42个营业网点的46台自助设备都可进行火车票购买。市民只需携带二代居民身份证,就可在建行下述设备自助购取全国各地的高铁和普速火车票。自助购取票设备支持银行卡、微信和支付宝扫码支付。

该自助设备不仅支持火车票购买,还支持彩票购买。

5.外币兑换机。出国旅游带回了外币现钞?外国朋友到中国需将外币换成人民币?只需通过小额外币兑换机进行即时换汇,扫描身份证件、输入手机号、存入外币现钞即可兑换。

目前中国银行、南京银行等银行一些网点都有外币兑换机,它们主要是办理外币兑换人民币业务,可查询外币汇率。外币包括美元、港币、欧元、英镑和日元5种货币,按不同面额自动兑换成人民币,每人每次限兑换2500元等值人民币。外币汇率参照当天银行牌价,实行一日一价,每天上午9点半更换牌价。中国银行每人每天限兑换7500元等值人民币。

6.智慧柜员机。智慧柜员机几乎已成为众多银行的标配,是银行网点智能化改造的重要产物,智慧柜员机在提高服务效率方面发挥了重大作用。以建设银行为例,建设银行运行智慧柜员机49160台,覆盖全部物理网点。其智慧柜员机能够办理个人开卡、转账、电子银行、信用卡、外汇、投资理财、换卡、改密、打印交易明细、注销卡片等19大类共180项功能,不仅功能全面而且效率大幅度提升。

以打印交易明细为例,以前都要去柜台办理,现在只需要带着身份证、银行卡就可以直接在智慧柜员机上操作,并且办理时长仅需几分钟。

7.产品领取机。中国银行、工商银行等一些银行都有该智能设备，产品领取机具有客户一站式申请和发放借记卡及网上银行、手机银行电子密码器、转账交易等功能。

8.智慧现金循环机。一些国有大行的网点还有智慧现金循环机，在智慧现金循环机上，客户能够实现零钞兑换，大额几十万元，小至5元、10元、50元，都可以在现金循环机上提取。

三、智能机具领域的应用实践

在推进银行智能化发展方面，五大行和各商业银行纷纷布局。早在2014年，兴业银行即推出"智能柜台"，至2017年，"智能柜台"已迭代升级至4.0版，对传统网点的交易替代率已达到89.63%，服务效率较传统柜面提升58.2%。2017年，广发银行推出智能网点，实现了网点智能机具、柜面系统以及移动终端三者之间的信息推送和互联互通，目前官网可查询到的智能银行网点有375家。招商银行则推出"未来银行"，提出"初次见面，已经很懂你"的口号，从主动性、交互性、差异性三个方面解决了传统银行的痛点，在降低成本的同时大幅提高效率、提升用户体验。在技术进步、网点流量增速承压及人力成本上涨等因素叠加之下，银行智能化布局有望快速渗透。

建设银行自2016年即开始布局智慧柜员机。智慧柜员机由客户自主操作，可提供对公、对私业务产品和服务共计18类248项功能。其优势较为明显，包括业务流程简捷；有利于释放柜员重复操作环节；风险控制由"人控"变为"机控"，减少了人工办理差错；整合多种柜面常见设备与常见业务功能大幅提高效率。智慧柜员机自推出以来，取得了较好的效果。近日建行正式推出无人银行，将人脸识别、语音交互等功能与智慧柜员机等智能设备相结合，是在网点智能化领域新的突破。

建设银行2018年4月在上海九江路首开了"无人银行"，包括智能机器人、人脸识别、存取款、外币兑换设备或智慧柜员机。对于初次使用的用户，"刷脸+身份证识别绑定"即可认证身份，以后每次来只需刷脸；存取款一体机支持语音导航、二维码取款、刷脸取款等；智慧柜员机功能较多，分为个人业务、企业业务、生活服务，可办理银行卡开户、挂失、换卡、修改密码、账户概览查询、销户等功能。通过在业务咨询、分流、现金和非现金业务办理等环节广泛使用智能化设备，无人银行整体体验良好[1]。

中国银行自中行智能柜台在深圳分行试点成功后，在2017年继续

1　建行推出无人银行网点银行智能化加速推进，http://stock.eastmoney.com/news/1699,20180418858879122.html

启动全国推广，年内完成了境内36家一级分行全覆盖，投产网点8526家，网点覆盖率达到80%。中行智能网点迭代升级速度不断加快。智能柜台延续小步快跑、敏捷升级的建设模式，2017年总计迭代12次，平均每月升级1次，聚焦客户到店最集中的金融服务诉求，累计投产了29大类、73子类场景，智能服务广度和深度明显拓展。

中国银行网点智能化建设始终紧盯技术进步，通过业务与科技的深度融合，推动渠道创新、流程创新、体验创新。人脸识别技术已在全国5000余家网点投入使用，通过提取和比对面部的关键特征值，加强对客户身份真实性的刚性控制，最大程度减少冒名开户风险。后续，人脸识别还将应用于更多业务场景和环节中，实现"刷脸逛中行"。

中国银行探索应用大数据技术，以系统打通和数据整合为基础，将智能柜台与后台管理分析系统相联通，基于后台对客户全渠道、全产品、全场景的大数据分析结果，更精准地服务客户[1]。

中国银行官网统计显示，截至2019年3月底，中国银行智能化网点已达2415家。

1　客户体验耳目一新 中行网点智能化建设迈上新台阶，https://baijiahao.baidu.com/s?id=1595779955363152654&wfr=spider&for=pc

场景十三：智能安保

金融行业一直以来都是安全防范行业发展的重点，随着社会经济的发展和人们生活水平的提高，银行、自助银行的分布越来越广，针对银行机构的刑事、治安案件的数量也逐步上升。外部犯罪多样化，内部作案、内外联合作案常态化趋势越来越明显。随着人工智能在安防领域的不断发展和银行网点智能化水平的提升，传统银行安保工作所涉及的营业网点、银行业务库、银行自助ATM等区域的智能安保工作形式，也随之升级。

一、何谓智能安保

随着"互联网+"的普及和人工智能在金融行业的应用，传统安防也迎来了互联互通、智能互动的时代，智能安防逐渐替代传统安防，成为新的趋势。人工智能技术的发展，让安防设备更加具有智慧。安保机器人也已经出现，它可以自动巡逻，灵活机智地处理巡逻途中的情况，还具备流畅的语音交互功能，拥有自动报警功能、防盗系统和自动充电系统，可以24小时不间断工作。

银行网点中的安保机器人主要包括：

监控类机器人：目前，监控机器人能在家中四处移动，具有灵活、智能、友好的特点，还可以集成更多功能，从而提供更加全面的安全监控服务。

智能巡检机器人：智能巡检机器人主要携带红外热像仪和可见光摄像机等检测装置，可以将画面和数据传输至远端监控系统。巡检机器人针对网点运行过程中可能出现的事故隐患和故障先兆，可进行自动判定的报警。智能巡检机器人在环境应对、性能强大等方面具有人力所不具备的特殊优势。

银行网点中的智能安保职能包括：

1.视频监控。如今的监控系统已经被赋予三大使命：监测、甄别和分析。随着监控图像无论是画质还是对比度的不断升级，如今的视频监控设备采集图像仅仅是第一步，也是最简单的一步。

接踵而来的是对图像的甄别，这对前端设备的一些软件提出了考验：哪些是静态目标、哪些是动态目标、哪些动态目标需要锁定。在前端监控摄像机甄别出可疑目标后，智能安防系统又依靠后端云技术、大数据的计算、分析功能，得出目标是否存在威胁因素，从而判断是否启动报警。

如果以往的监控摄像机只是一双眼睛的话，那么在智能安防系统中，智能化的监控摄像机则是一名24小时不休息的警卫。

2.防盗报警。防盗报警系统与监控系统一向属于相辅相成的关系，如上文所说：当监控系统捕捉到威胁因素后，便引发了报警系统。那么防盗报警系统本身的智能化呢？

防盗报警是否智能化，最为重要的体现在于误报率。过于敏感的报警系统产生了过多的报警信息，则会让人感觉到厌烦，浪费大量的人力物力。而灵敏度过差的报警系统虽然不至于浪费人力物力，但是一旦忽略了真实的威胁警报，后果将不堪设想。所以防盗报警设备的智能化一直也是智慧安防的一大课题。

3.出入控制。出入控制系统是安防行业最贴合"防"字的设备，其他设备大多数是在威胁产生之后才发挥作用，而出入控制系统则相反。银行是最注重出入权限和等级限制的领域，所使用的出入控制系统早已不单单是道闸、防盗门之类这么简单，而是设计到一卡通、楼宇对讲、生物识别，等等一系列具备"验证"功能的产品。智能化出入控制设备一般把出入人群划分为三个级别：权限等级、通过等级和危险等级[1]。

---

[1] "智"慧的门神，看人工智能如何化安防为神奇，https://www.iyiou.com/p/45271.html

二、人工智能在智能安保领域的创新

1."AI+安防",把普通视频数据变为有意义的"情报",变被动防御为主动预警

对于安防行业而言人工智能的最大价值在于:视频结构化技术对于"对大量视频进行智能分析并实现事前预警"的帮助——这实际上是人工智能企业为安防行业客户提供的主要服务和盈利点。"AI+安防"要解决的将不再是人与人之间、人与车之间的结构联系,而是能自主判断"你是谁"的问题。相信在不久的将来人工智能技术将会取代众多传统的安防技术,而整个安防行业的发展已经到了比拼核心技术的关键节点[1]。

在安防监控网络上,数据的产生者是摄像头、录像机。数据的消化者是人工智能和人。

但是当人工智能把这么多的录像转变成结构化数据后,就会产生一个新的数据海洋:结构化数据海洋。如果数据没有经过很好的挖掘,那它也不是有意义的情报。结构化数据目前已经可以使用非常成熟的手段去挖掘,这个过程中会有一些非常浅度地挖掘、简单地筛选,比

---

[1] 人工智能+安防五大发展新趋势,https://www.iyiou.com/intelligence/insight75637.html

如黑名单。检测到一辆车时,如果车牌号码是一个嫌疑犯的车牌号,这辆车就被后台预警。再比如说要检测一个人的情况:假设有一张逃犯的照片,当在某个地铁站的摄像头里看到一个人长得像这个逃犯时,它可能就变成了一个有意义的情报[1]。

这一点在银行网点里也可以有非常浅度的挖掘,如在银行网点会发现有犯罪前科的人,它可以把这些人提前放在"危险者库"里。当这些人来到银行网点时,银行网点的保安就能第一时间得到警告。

2. 人工智能在银行智能网点的应用

在银行智能网点,人工智能是建筑的大脑,综合控制着网点建筑的安防、能耗,对于进出网点楼宇的人、车、物实现实时的跟踪定位,区分办公人员与外来人员,监控大楼的能源消耗,使得网点的运行效率最优,延长网点楼宇的使用寿命。智能楼宇的人工智能核心可以汇总整个楼宇的监控信息、刷卡记录。室内摄像机能清晰捕捉人员信息,在门禁刷卡时实时比对通行卡信息及刷卡人脸部信息,鉴测出盗刷卡行为。此外,它还能区分工作人员在大楼中的行动轨迹和逗留时间,发现违规探访行为,确保核心区域的安全。

---

[1] 深度解析国内智能安防和人脸识别技术在现实中的应用,https://www.iyiou.com/p/40608.html

三、智能安保领域的应用实践

在实践应用方面,除加强传统的视频监控领域外,各大银行纷纷引进智能安保机器人,比如:

上海银行张江数据中心2018年1月24日起正式启用一位特别的巡检员——智能巡检机器人。上海银行的智能巡检机器人身上集成了多自由度机械臂、OCR智能识别相机、高清夜视相机、红外成像、环境监测传感器、激光导航、超声波传感等多个智能单元模块。通过运用自主与规划导航相结合、多传感器融合、智能识别、智能监控等技术,机器人能够自动巡视、自主避障、自主充电、实时监控遥控,并提供实时移动巡检数据上传至智能运检平台,数据实时展示并可定制报表输出。

此前,上海银行张江数据中心的基础设施巡检基本以人工为主,通过各种表格记录巡检结果,巡检时间较长,人工成本较高。随着人工智能和大数据技术飞速进步,基础设施管理开始向智能化方向发展,实现运行维护自动化、降低人工的强度和频次是提高管理水平的有效途径[1]。

---

1 上海银行启用智能巡检机器人,http://news.sina.com.cn/o/2018-01-25/doc-ifyqyqni2184265.shtml

在此前的2017年12月底，长沙农商银行开福支行引进了智能安保服务机器人"小美"。小美是集迎宾接待、业务介绍、安全巡逻等功能于一体的小家伙，是全国首款智能安保服务型机器人。它担负着大堂经理的角色，熟悉业务、能说会道，还会卖萌。它可以轻松自在地在网点的大厅内行走。当客户进入营业部大厅，它会主动热情地上前打招呼，为其介绍我行各项业务产品。对于开卡、挂失、存取款和网上银行、手机银行等个人业务，对公业务以及信贷业务的咨询，它都能给予全面而细致的回答。另外，不得不提的是小美的安保功能，它的机身配备高清摄像头，实现周身360°监控，可通过网络平台查看实时及历史音频，同时可搭载温度、湿度、烟雾等传感器，实时监测其环境信息，并上报至管理平台实时预警，可谓是一位十项全能的"大堂经理"[1]。

---

1 长沙农商银行开福支行引进智能安保服务机器人，http://www.nongxinyin.com/nxy/489420/489506/nongxy915211310/index.html

第五章 人工智能在金融科技领域的未来展望

随着人工智能技术的迅猛发展，许多行业将面临颠覆性的变革，人工智能技术有可能在未来重塑各行各业的人才战略、运营模式及与客户的合作模式。金融科技领域也必将随着人工智能技术的不断发展而产生巨大的变革，传统的银行、保险、证券等金融业态在未来将可能以全新的面貌展现在世人面前。

第一节 人工智能发展展望

正如我们在第二章中所提及的，人工智能是一种通用目的技术（GPT），目前正在或即将触发诸多行业变革，并将波及人类所有的行业，进而对人类经济社会产生深远的影响。

一、人工智能将改变或颠覆的行业

人工智能在商业领域的应用成果越来越多。在智慧城市方面，人工智能辅助交通系统更有效率，也让社区服务更加智能化。在安保方面，人工智能可以帮助识别车牌号、识别人脸，这些技术广泛被使用于车站、机场、大型集会。在医疗方面，人工智能开始帮助医生诊断疾病，高效准确地识别癌症和其他疾病。在教育方面，人工智能帮助老师评判试卷，对学生的能力进行评估。在不久的将来我们会有无人驾驶汽车，会有同声传译机器，会有各种智能的家电，在工作中会有人工智能个人助理帮我们预定会议、预约理发师。在工厂和农场里，越来越多的智能化设备（如机器人）、农业机械会被使用，使工厂和农场的生产效率得到巨大的提升。

今天我们所能看到的，尚处于"弱人工智能"阶段的人工智能技术已经开始改变许多行业的发展模式和组织架构了，它们包括：

智慧交通大大提升通行效率；

个性化教育显著提升教师与学生的教学效率；

精准预防性治疗有望延长人类的寿命；

实时多语言翻译交流再无障碍；

精准药物试验可以显著降低新药成本，缩短研发周期；

基于人工智能的电信网络的运维效率大大提升；

自动驾驶和电动汽车将颠覆汽车产业等。

二、人工智能技术发展趋势

普华永道人工智能加速器(AI Accelerator)研究团队发布的研究报告显示，未来人工智能技术的发展具有以下十大趋势[1]。

1.深度学习：揭秘神经网络的工作原理。模仿人类大脑的深度神经网络展示了它们可以从图像、音频和文本数据中"学习"的能力。然而，即使应用已超过十年，关于深度学习我们仍然有很多不明白的地方，包括神经网络如何学习、为什么它们的表现如此出色等。现在，这种状况有可能会改变，这要归功于将信息瓶颈理论应用于深度学习的新理论。信息瓶颈理论认为，深度神经网络会在学习过程中像把无用信息从瓶颈中挤压出去一般，去除噪音信息，而只保留这些噪音所表达的真正信息。

2.胶囊网络：模拟大脑的视觉处理优势。胶囊网络是一种新型的深度神经网络架构，它能够用与大脑相同的方式处理视觉信息，这意

---

1 为避免断章取义，这里按普华永道发布的《2018年人工智能技术十大趋势》研究报告原文摘录。

味着它可以识别特征之间的逻辑和层次结构关系。这一特性与卷积神经网络形成鲜明对比。卷积神经网络是被使用最广泛的神经网络之一,但它不能考虑简单和复杂特征之间的重要空间关系,导致错误率较高并经常出现误分类现象。

3. 深度增强学习：交互型问题解决之道。深度增强学习是一种通过观察、行动和奖励来与环境互动,从而进行学习的神经网络算法。它已被用于游戏攻略等方面,如雅达利(Atari)和围棋,包括击败人类冠军的著名的"阿尔法狗"(Alphago)。

4. 生成对抗网络：网络配对促进训练,减轻处理负担。生成对抗网络是一种由两个互相竞争的神经网络组成的无监督的深度学习系统——"生成网络"产生看上去很像真实数据集的假数据,"判断网络"吸收真实和合成的数据。随着时间的推移,每个网络都会得到改进,从而使两个网络都能够学习到给定数据集的整体分布情况。

5. 精简和增强数据学习：解决数据标签化挑战。机器学习(尤其是深度学习)遇到的最大挑战是需要大量使用标签化数据来训练系统。目前有两种被广泛使用的技巧可以帮助解决这个问题：(1)合成新的数据；(2)将一个任务或领域的训练模型迁移到另一个,例如"迁移学习"的技巧(把从一个任务或领域学到的经验迁移到另一个任务/领域),或"一次学习"的技巧(极端化迁移学习,仅仅通过一个例子或没有相关例子的学习），由此使它们成为"精简数据"学习技巧。同样地，通过模拟或内插合成新的数据有助于获取更多的数据，从而通过扩大现有数据来改善学习。

6.概率编程：便于模型开发的语言。概率编程是一种高级编程语言及建模框架，它能让开发人员便捷地设计概率模型，并且自动求解这些模型。概率编程语言可以让我们重复使用模型库，支持交互式建模及认证，并提供必要的抽象层来更广泛和有效地推论通用模型组。

7.混合学习模式：结合算法优势解决不确定问题。不同类型的深度神经网络，譬如生成对抗网络和深度增强学习，在它们的效果和结合不同类型数据的广泛应用方面显示出巨大的前景。不过，深度学习模型不能为不确定性的数据场景建模，而贝叶斯概率方法却能够做到。混合学习模式结合了这两种方法，且能够充分利用每一种方法的优势。混合模型的一些例子包括贝叶斯深度学习、贝叶斯生成对抗网络和贝叶斯条件生成对抗网络等。

8.自动机器学习：无需编程即可创建模型。开发机器学习模型是一项耗时长且必须由专家驱动的工作，包括数据准备，特征选择，模型或技术选择、训练和调试等。自动机器学习旨在使用多种不同的统计学和深度学习算法来使这项工作自动化。

9.数字孪生体：超越工业应用的虚拟复制品。数字孪生体是一种虚拟模型，用于物理或心理系统的详细分析和监测。数字孪生体的概念起源于工业界，广泛用于分析和监测诸如风电场或工业系统等。现在，通过使用基于智能体的建模（用于模拟自动智能体的行为和交互的计算模型）和系统动态学（计算机辅助的策略分析和设计方法）等，数字孪生体被广泛应用于非物理对象和流程管控中，例如预测客户行为等。

意义：数字孪生体可以帮助促进物联网（IoT）的发展和被更广泛的应用，为预测性诊断和维护物联网系统提供了一种方法。展望未来，有望在实体系统和消费者选择建模中看到更多数字孪生体的应用。

10.可解释的人工智能：打开"黑匣子"。目前，有许多机器学习算法正在被使用中，它们可以在各种不同的应用场合中感知、思考和行动。然而，其中许多算法被认为是"黑匣子"，人们对于它们如何计算出结果几乎一无所知。可解释的人工智能意在进一步开发机器学习技巧，在产生更多可解释的模型的同时保持人工智能预测的准确性。

三、人工智能重要变革方向

除了技术本身，在未来人工智能将可能在人才、产业与技术相结合的深层次领域带来重要的变革。关于这一点，华为的徐直军先生在

2018年10月召开的第三届华为全连接大会上曾有过精彩的论述,认为未来人工智能将从技术、人才和产业等方面带来十大改变。

改变之一:缩短训练模型的时间

我们认为,未来模型的训练要能在几分钟甚至几秒钟内完成。

改变之二:充裕且经济的算力

算力是人工智能的基础,但目前的算力非常昂贵,是一种稀缺资源。如果说算力的进步是当下人工智能大发展的主要驱动因素,那么,算力的稀缺和昂贵正在成为制约人工智能全面发展的核心因素。

改变之三:人工智能要适应任何部署场景

我们认为,未来人工智能将无处不在,人工智能要能够被部署在任何场景,并确保用户隐私得到尊重和保护。

改变之四:更高效、更安全的算法

未来的算法,既要能够基于更少的数据需求,即数据高效,也要能够基于更低的算力和能耗,即能耗高效,同时还要解决自身的安全问题并实现可解释等,这都是人工智能全面发展的重要技术基础。

改变之五:更高的自动化水平

今天的人工智能,自身还需要大量的人工,有人调侃说,今天的人工智能,是没有"人工"就没有"智能"。我们认为,应该大大提升人工智能自身的自动化水平,比如在数据标注、数据获取、特征提取、模型设计和训练等环节，要实现自动化或半自动化。

改变之六：模型要面向实际应用

未来的模型必须实现工业级的优秀，即满足工业生产的需要，而不仅仅满足于测试集上"考试"优秀。

改变之七：模型更新

未来的模型要能及时适应各种变化，实时更新，实现闭环系统，保证企业人工智能应用始终处于最佳状态。

改变之八：人工智能要多技术协同

人工智能只有与云、物联网、边缘计算、区块链、大数据及数据库等技术充分协同，才能发挥更大价值。

改变之九：人工智能要成为由一站式平台支持的基本技能

今天，人工智能还是一项只有具备高级技能的专家才能完成的工作，成熟、稳定、完善的自动化工具还比较缺乏，获得一个人工智能模型还是一件非常复杂、耗时耗力的事情。

我们认为，应该由一站式平台提供必需的自动化工具，让人工智能应用开发更容易、更快捷。

改变之十：以人工智能的思维解决人工智能人才短缺问题

人工智能人才的短缺，特别是数据科学家的缺乏，一直是业界顾虑较多的一个制约因素。我们认为数据科学家将是永远稀缺的。

解决之道应该是，以人工智能的思维解决人工智能的人才短缺问题。我们可以通过着力发展智能化、自动化、简单易用的人工智能平台和工具服务，以及提供培训教育，培养大量的数据科学工程师，使他们能完成大量基本的数据科学相关工作。

通过大量的数据科学工程师与数据科学家和各领域专家相互配合的梯形结构，来解决人工智能人才稀缺问题。

这十大改变，虽不是人工智能技术、人才、产业发展的全部，但都是未来发展的重要基础。

第二节 人工智能在银行领域的未来

银行是最早应用金融科技（FinTech）及人工智能的领域之一，并且随着人工智能技术的逐步成熟，未来银行的业务体系和人才体系都将被重构。业界预计，未来银行将成为"七无银行"，即无卡、无人、无网点、无现金、无感化、无界（开放银行）、无银行。

一、人工智能将重构银行业务体系

移动互联网和金融业的结合让大数据和人工智能更快落地，并因此带来交易信息、账户信息、身份特征信息和行为数据这四种信息数据的"崛起"。这四种信息数据相互连接构成了未来金融业基础核心数据的"矿池",并将整体"重构"银行[1]。

在产品层面,人工智能在金融业前端会有更多的精准产品提供给客户,包括智能投顾、客户资产管理等。

在风控层面,基于人脸、声纹、指纹等生物识别技术在不同的业务场景中开始被使用,有效提升用户体验和效率的同时也保障了用户注册、支付、权益使用等行为的验证安全。

在服务层面,传统网点和柜台由于物理地址限制、领域覆盖、风险管理等因素,体量庞大的弱势金融群体尚无法享受到正规金融服务。以人工智能为首的金融科技技术升级将会让未来银行不再局限于柜台和窗口,突破金融场景和信贷理念方面的限制,让用户享受普惠金融服务。用户可以足不出户,通过网络即可"进入银行",这逐渐让未来银行演变成一种即需即用的金融服务行为。

---

[1] 未来的银行将不再是一个地方,而是一种行为,https://www.huxiu.com/article/225435.html

二、风险管理是人工智能在银行最核心的突破

1.关于银行的风险

从技术层面来看,金融业最为关注的领域是风险,这一领域恰恰是人工智能技术能够快速改变银行业务的地方。在上一章中,我们对于人工智能带来的"智能风控"应用曾作详细介绍,而按照IMF原副总裁朱民先生的观点,"风险管理是人工智能最具突破性和核心的技能",人工智能是在技术和理念上全面开始进入银行的业务。对于前端客户,人工智能在理解客户方面是完全不同的概念;从中台来讲,整个授信、金融服务分析和处理完全自动化,人工流程完全被机器流程所取代;从后台来讲,整个风险监测、多维度信息构成的模型正在形成。总而言之,通过大数据、云计算、人工智能及区块链等新技术,银行对客户、产品、服务、风险管理、渠道的理解正在发生一场颠覆性的变化[1]。

从银行层面来看,传统银行要向普惠金融转身,前提是保证风险可控。引入人工智能和大数据风控,对潜在的风险实时监测,挖掘更加完善的用户信息,优化服务质量,会给银行的业务模式创新

---

1 朱民:人工智能将从根本上改变银行业生态,http://www.sohu.com/a/143807893_465539

带来机遇。风险管理是银行业可持续发展的根本。银行风险管理体系建设的根本目的在于保持资产质量稳定,将风险抵补能力始终控制在合理水平。普遍认可的银行业三大风险包括市场风险、信用风险和操作风险。

其中,市场风险指由于利率、汇率、股票及商品等价格变化导致银行损失的风险;信用风险又称违约风险,是指借款人或交易对方因种种原因,不愿或无力履行合同条件而构成违约;操作风险是指由不完善或有问题的内部程序、员工和信息科技系统,以及外部事件所造成损失的风险[1]。

2.人工智能在银行风控领域的应用

实践证明,在银行风控领域,遵循监管要求和技术发展,人工智能技术的应用水平也有高低之分。

初级阶段,以短平快、切口小为特点。大数据和人工智能在此阶段只是对传统银行风控手段的补充,如在开户环节的信息核验、黑白名单匹配、人脸识别等,通过对简单规则的判定和匹配,辅助银行进行风险决策。规则的创建依赖专家经验和已发生的风险事实,无法针对新的风险模式自动更新且风控规则容易被欺诈者得知后绕过。总体

---

1 大数据和人工智能视角下的银行业风险防控,https://www.iyiou.com/p/52293.html

来说，在此阶段，模型算法需要依赖人工事先定义的规则告诉程序如何区分好与坏，还无法学会如何区分欺诈和正常案件。

高级阶段，是在大数据和人工智能技术不断成熟，相关外部数据进一步开放，市场培育达到一定阶段后，通过使用人工智能技术构建风控模型，并将模型应用到如授信定价、贷前审核、贷后监控、交易欺诈侦测等细分业务流程中。在此阶段，通过不断向算法"喂数据"（训练模型），算法自己学会了如何区分好与坏，在模型精度和适用性上有了质的提升。

在将大数据和人工智能技术应用于风险管理领域，已经有了一系列的应用实践和解决方案。

一是智能模型。智能模型是一种欺诈风险量化的模型，最典型的是监督型机器学习模型，基于可观察到的交易特征变量和给定"正确答案"的案件数据，模型会从正确的答案中学习什么是好的、什么是坏的案件，从而进行正确的风险预测。同时，在一些交易、账户登录等场景应用无监督机器学习模型时，在没有"正确答案"的标签数据的情况下，通过分析欺诈用户和正常用户行为模式的异同，也可以识别欺诈风险。

二是在信贷场景中，基于用户的多维度数据，利用信用评分的建模方法，研发一款大数据产品。它综合了用户信用相关的多维度信息，描述了用户的信用等级，衡量用户的还款能力和还款意愿[1]。

3. 人工智能时代银行风险防控的"前""中""后"

事前预警。风控前置一直是所有商业银行孜孜追求的，理论上通过技术手段可以实现。

事中监控。随着银行业务的快速变化，以及新欺诈技术的出现，导致风控规则也需要实时顺应市场外部的变化，这就要求设计出来的应用系统能够适应这种快速变化。有了风险规则引擎就可以将不断变化的业务规则剥离出来，实行动态管理和修改，从而使系统变得更加灵活，适用范围更加广泛。

事后分析。通过复杂网络技术，打通跨行业数据，实现对多场景大数据的自动化关联分析与可视化呈现。设备、IP、手机号、身份证号、地址及电子邮件等多个维度关联有助于识别支付盗卡、多头申请、团伙作案、刷单及撞库登录等多种欺诈风险。

只有基于主动预防、多维度场景实时监控、立体化的风控反欺诈理念，才能在未来银行的"智慧竞争"中立于不败之地。事实上，业内关于这个理念比较集中的表述是信贷全生命周期的风控理念，从贷前的客户画像、反欺诈环节，到贷中授信、贷中跟踪，再到贷后监控、

---

1 大数据和人工智能视角下的银行业风险防控，https://www.iyiou.com/p/52293.html

贷后管理、逾期管理、挽救不良债权各个环节，人工智能和大数据智能风控都有相应的技术实现[1]。

三、无人银行已现江湖

1. 国内首家无人银行速览

2018年4月9日，中国建设银行宣布国内首家无人银行在上海市九江路303号开业。在完全无柜台人员和大堂经理帮助的情况下，客户可办理普通银行90%的现金与非现金业务。不能办理的业务，客户也可在VIP室与云端客服VR视频连线办理。无人银行的诞生对未来银行业的发展影响深远。

无人银行入口处的门迎机器人可识别客户语音信息，根据客户业务需求排队编号，并安排相应的智能自助服务机（客户可通过大厅大屏显示的排号顺序等待叫号）。门迎机器人头部的摄像头能记录来访客户面容，有效防止犯罪分子进入。通过与门迎机器人"交流"，客户可办理11项个人业务、3项公司业务，及6项生活服务业务。

进入银行大厅前，每位客户需在闸机口进行"身份证或建行卡认

---

[1] 大数据和人工智能视角下的银行业风险防控，https://www.iyiou.com/p/52293.html

证+人脸识别",在进行摄像头人脸记录后用户即可进入大厅,这样的设置不仅保障了用户的安全,而且同时也提升了银行本身的安全度。之后,客户在无人银行内使用VIP室及VR体验室时,刷脸即可进入相关服务房间,系统将自动识别用户身份并记录。大堂经理的角色由一个小智能机器人担当,在人工智能语音识别系统的帮助下,该机器人可以流畅地与人交流。

现金业务主要通过存取款一体机和外汇兑换机实现。与普通ATM机不同,该存取款一体机可以不通过触控屏来控制,机器具有语音识别功能,用户可直接语音告诉机器想要办理的业务,机器则自动跳转到相应业务办理窗口界面。相比于ATM机,这项功能大大提高了业务办理效率,也更方便老人和儿童的使用。

外币兑换机则支持美元、英镑、欧元等七种外币兑换人民币业务。相比于客户在传统银行VIP窗口排队办理外币兑换业务,外币兑换机耗时较短,自动化处理界面效率不仅比人工提高不少,同时还支持小额度兑换。这些特点将有利于帮助更多外国人尽快地换取适当额度的人民币,而不必造成换取过多带来的手续费损失。

非现金业务主要通过配置的超级柜台来实现。可办理业务包括开户、贷款、信用卡、产品签约及个人理财等,该设备可通过触控屏控制,简单方便。除了个人开卡需要银行工作人员现场认证,其他业务都可实现无人化办理。同时，无人银行还人性化地设置了图书阅读器、自动售货柜、3D全息产品购物及用户自拍等娱乐购物设备，可供排队等候的客户使用[1]。

2. 无人银行中的最新技术应用

无人银行融合了人工智能、VR、虹膜识别等多项前沿科技。基于人工智能的语音识别和人脸识别技术赋予银行"智慧"。通过VR技术开拓的"CCB建融家园VR看房系统"是建行无人银行最为博眼球的业务之一。

赋予无人银行"智慧"的人工智能。在无人银行中，比较引人注目的是嵌入在不同应用层面的人工智能技术。无人银行内的智能机器人可通过人工智能技术进行语音识别并与人交流。交流内容不仅涉及银行业务，同时还可与客户聊天开玩笑并推荐公众号等。例如，客户对机器人说"你很可爱"，机器人会回答"你最可爱，我是第二可爱的"。依赖于人工智能技术的人脸识别也是无人银行的一大特色。除了入口处闸机的人脸识别外，在办理业务时超级柜台也可通过人脸识别来进行认证。

拓宽无人银行业务的VR设备。无人银行通过VR技术开拓"CCB

1　中信建投证券：无人银行落地上海，前沿科技助力产业

建融家园 VR 看房系统",助力建行开展金融支持下的住房、租房市场业务。客户可以通过 VR 设备预览房型,所有房型都是根据实际房东的房间模拟制作的 3D 动画,操作简单方便。但 VR 设备展示的房间内容非全景照相机实景拍摄,与真实房间不同或许会降低客户体验。无人银行办不了的业务也可通过在 VIP 室与云端客服视频连线,进行远程办理,视频搭载了 VR 设备,增加客户沉浸感体验。架构在无人银行的 VR 技术再次展现了它丰富的应用场景。

  首次搭载的虹膜识别技术。在无人银行的各项智能体验中,虹膜识别技术作为一种新兴的生物识别技术成为这家银行最大的亮点之一,这也是国内银行业首次将虹膜识别技术作为身份认证,成功应用于 VR 设备及金融自助机中。在"CCB 建融家园 VR 看房系统"中,用户只需戴好头显,屏幕上便立即出现看房人的身份信息,无需用户主动配合,并在用户无感知的情况下,悄然完成 VR 用户的虹膜身份验证,进而系统可自动查询用户信用等级并完成租房签约及贷款等业务。其他生物特征识别方式难以集成到 VR 设备中,VR 设备上无处安置指纹传感器,人脸大部分被头显遮挡而无法进行面部识别。虹膜识别技术与 VR 技术的结合为 VR 设备实现在线购物与支付提供了更多可能性[1]。

---

1 中信建投证券:无人银行落地上海,前沿科技助力产业

四、银行的本质不会发生改变

人工智能的发展和应用，给银行业带来了巨大冲击和颠覆式的影响，人工智能正在改变银行业务体系和服务模式，比如无人银行的出现，将释放大量的基层员工，并将减小银行网点数量；生物识别技术的应用未来将改变身份信息系统，信用卡及账户将从银行服务中消失，等等。

但总体来看，银行的本质是经营货币，关注的是风险，这一本质并没有因为人工智能技术的应用而发生改变。

第三节 人工智能在保险领域的未来

相比于银行业，保险业的发展一直面临着诸多"痛点"：代理人素质相对低、条款复杂、产品需求不匹配、理赔难、过度营销……每一条都让消费者望而却步，也让保险行业从业者头痛不已。在现实生活当中人们总是想买保险却又在买保险这件事情上犹豫再三，甚至最后干脆不买了。而人工智能的入局，虽不能在短时间之内将问题全部解决，但确实能打破传统保险业的"玻璃屋顶"。

一、人工智能在保险的应用前景[1]

1.替代简单重复性操作

保单契约录入、核保、收费等简单重复性的人工操作，可以通过机器学习实现智能处理。人工智能的语音识别及智能分析技术、人脸识别技术可用于智能客服领域，智能客服可以大幅度减少耗时费力的重复性人力工作，从而降低运营成本。

2.满足客户个性化需求

利用人工智能技术，通过数据分析形成客户画像，对客户进行特征分析，定制专属产品和服务，可以为客户提供最适合的营销活动并定向、精准地投放给客户，实现最佳客户体验。

3.改进产品设计缺陷

人工智能可以改进产品体验，进行在线产品设计和内容推荐，为客户设计个性化、碎片化的保险产品。多维度的大数据分析能辅助保

---

1 人工智能如何重构保险业价值链？https://www.iyiou.com/p/92572.html

险精算师更准确地度量产品风险，提升产品风险定价能力，提供差异化定价，实现产品创新和个性化定制。

4. 变革保险销售模式

人工智能既可简化产品购买方式，标准化销售流程与话术，优化客户体验，避免销售误导，也能极大降低营销人力成本。尤其智能交互机器人可以与客户进行交互，通过运用知识图谱，可以高效且相对准确地了解客户。人工智能还能够筛选客户信息、查询保单和查询费率等，从而提高客户存留率，实现客户价值最大化。

5. 发挥智能决策作用

在投顾核保、理赔等领域，能通过人工智能实现智能决策，有效控制风险。智能投顾的核心是充足的数据积累与算法模型，可以根据客户的风险承受能力、风格偏好或自身理财需求，运用智能算法及投资组合优化等理论模型，为客户提供最合适的投资参考，指导客户更恰当地购买保险。

在核保环节，可根据筛查规则先进行在线核保，再对筛查后的保单进行人工核保，这既可以简化核保流程，提高核保效率，又能相对使承保条件更宽松，提升了常见非标人群的投保便捷度。

在理赔环节，基于图像识别技术，能快速查勘、核损、定损和进行反欺诈识别，相比于传统的人工核损流程大大节省了时间，能明显提升理赔效率，降低骗保概率。采用智能理赔风险输入、加工和预警输出，能够通过定义风控规则进行筛查，完善理赔风险闭环管理机制。

此外，通过大数据能提高信息搜索能力、流转效率与准确度，自动识别场景中的风险，对保险操作风险进行积极管理，提升服务时效和服务质量。

二、智能保险面临的挑战

1. 加大保险企业之间的实力差距。人工智能的广泛应用，将促进经济结构性调整并形成技术性的替代，使生产效益和利润向少数拥有较多人工智能资源的群体集中，这显然有利于大型保险企业（包括进入保险领域的大型科技公司），使其可以借助所掌握的较多人工智能资源大幅提升实力，加大了中小型保险企业与大型保险企业间的实力差距，造成市场资源分配极为不均现象。

2. 信息垄断风险。人工智能的基础是数据，若缺少数据支撑，搭配再优异的运算硬件和演算方法也难以在目标领域中发挥功效。保险业数据库积累的历史数据无论数量还是质量，都缺乏支撑人工智能规模化运用的能力。而信息垄断风险会造成大量关键数据的屏障，使一般用户获取数据的成本愈来愈高，从而影响人工智能在保险业的有效应用。

3.可能出现不可控的情况。人工智能本身也可能会出现失效甚至不可控的情况，但在实际应用中要分清是人为操作失误还是人工智能的缺陷却并不容易。人工智能的发展非常迅猛，今天的人工智能专家可能难以预估明天人工智能的安全与风险，这就需要保险业特别关注人工智能可能带来的风险，甚至巨大的风险[1]。

三、人工智能让保险客户感觉"更舒服"

如前所述，人工智能可以在满足客户个性化需求、智能理赔等方面比传统人工做得更好。

1.从人工智能本身的发展与保险业的结合维度出发，人工智能会深刻改变保险行业的格局、产业链上下游及最终用户对保险的认知。

从长期来看，感知智能和算法、建模能力的提升使得我们能够大规模地甚至事无巨细地收集最终用户的相关数据，从而做到保险产品的"千人千面"，为每个用户推出定制化的保险产品，真正实现保险的终极价值。

---

[1] 一篇文章看懂智能保险的发展基础、问题瓶颈和未来趋势，https://www.iyiou.com/p/78990.html

从中期来看，人工智能包括机器学习在基因技术上的应用会取得突破，使得寿险和健康险等和每个人身体状况息息相关的险种能够被重新设计，使之更符合每位用户的需求。随着数据积累和模型更加精细化，可以更加"场景化"地设计新险种，使其覆盖更多方向和人群，从而拓展市场。

从短期来看，基于目前的人工智能水平和市场认知，能够实际落地的场景还是在用户触达、人机交互及客户服务和质量检测等环节[1]。

2.从客户的角度来看，有能力对客户精准画像的企业，更容易找到好客户、剔除坏客户，在与同行的竞争中胜出。

挑选客户与解决风险的问题，是传统保险的内在矛盾。我们寻找那些风险小的客户进行承保，却把真正有风险或风险大更需要投保的客户排除在外，这实际是建立在信息不对称和专业不对称基础上的不对等交易，在一定程度上背离了保险初衷[2]。

---

1 "智能保险"来袭，"数据+算法"能否颠覆保险业？https://www.iyiou.com/p/55125.html
2 保险互联网生态建设的逻辑、边界和演化，https://www.iyiou.com/p/82773.html

四、"AI+保险"还有多远[1]

"AI+保险"的这锅"水"正在炉上煮，不过仍然有几点现实的因素提醒尝试入局的人——距离这一领域到达沸腾的时刻还需要耐心再，等等。

1. 保险行业特性限制数据收集速度

虽然利用人工智能完善决策的制定流程是保险业未来解决问题的一个最优解，但是这一想法在目前看来还"刚上路"。与银行业不同，保险业的数据采用的是分散储存的机制。因此，保险业的数据缺乏时间连贯性和观测对象完整性。

每一家保险企业想要建立丰富完备的数据库只能单枪匹马靠自己，这一过程恐怕颇为漫长。人工智能系统必须有足够多的理赔数据才能完善算法模型，对于人工智能的深度学习来说，行业数据的慢速积累是它被应用于保险业发挥其高阶智能水平的"拦路虎"。如果不能在未来获得大量的闭环数据或者持续数据来完善人工智能系统，其在保险业的应用将难以突破瓶颈。

2. 信息不对称之下用户安全感难以保障

---

[1] 在打破传统保险业的"玻璃屋顶"之前，"AI+保险"还需跨过几道坎，https://www.iyiou.com/p/70585.html

随着科技的进步,中低端服务需求增速变缓,多数发达国家的中低端服务需求保险代理人数量呈下降趋势。尽管如此,掌握全面的风险控制技能和理财知识的保险代理人仍是永远被需要的。

保险是一个极其依托场景化的行业,理论上人工智能被应用后产品场景化的呈现会更好,因为人工智能可以通过计算针对不同情况推出最合理的方案。面对人类在投保时由于信息不对称而惴惴不安的心情,人工智能无法给予设身处地的关怀和理解,而客户需要的恰恰就是情感交流带来的安全感而非冰冷的问答机制。

在此前提之下,智能相对论分析师杨苏颖认为解决方案有两种,一是让区块链与人工智能配合,在去中心化的数据库世界中从根源上打破用户有效信息缺失困局;二是让人工智能更像人类。美国麻省理工学院的科学家正在打造一个可根据生理信息、语音对话辨别人们情绪的人工智能系统,它可以通过穿戴装置收集大量生理、语音数据,提高辨识人类情绪的精准度。

3. 抽象重视但具象漠视科技

我国目前在保险科技方面与国际领先企业相比仍然存在一段距离。国外保险巨头在科技应用方面已有许多尝试:例如美国INSURIFY应用人工智能技术模拟保险代理;英国Sherpa获230万美元种子轮投资,打造以人工智能为驱动的平台,建立用户个人档案。

反观国内,保险业建立大数据研发团队的企业占比仅为20%左右,且 2/3 的研发团队人数在 10 人以下。这意味着未来会成为保险业全部的科技,如今仅被定义为"配角"。我们需要看到背后的更为深刻的问题是在传统保险业中,体制思维与互联网思维的绝对对立。从表面喊口号式的重视到直接落实至战略层面规划的转变,我国的保险业仍然徘徊在十字路口。

第四节 人工智能在证券领域的未来

与银行和保险业相比,人工智能等金融科技在证券业的渗透率相对较低,这主要是由于创新能力有限,大多是模仿和依托互联网公司构建的线上平台,缺乏流量且创新力量主要集中在交易所和大券商。此外,证券业的核心是投资管理,对技术的要求更高,实现难度更大[1]。随着人工智能在金融领域应用的不断深入,证券业对人工智能的应用也逐步加速,并已在智能投顾、智能投研、客户服务等领域取得了一定的成效。

---

1 平安证券:金融科技浪潮来袭,证券行业加速布局

一、人工智能在证券领域的应用

传统证券业存在体验差、效率低、风险大、成本高等一系列问题，线下排队长，线上开户流程复杂，业务流程效率低，人工身份认证准确性差，企业和用户都耗时耗力，用户体验不佳，运营成本居高不下。从远程开户到柜台业务，从财务报销管理到IPO资料数字化，人工智能技术正在证券业大展拳脚[1]。

1. 远程开户

如何最大限度地争取客户？要在保证风控安全的基础上尽可能降低客户的入门门槛。排队领号等待几十分钟甚至几个小时的体验会让大多数用户望而却步，复杂琐碎的申请资料填写消磨了客户的耐心和好感，柜台人员现场核准信息很大程度上依赖肉眼和经验判断。

相比于现场开户，虽然远程开户模式可以极大缩短用户的等待时间，大幅提升用户体验，但是同时带来的是远程身份验证的风险。

有没有两全其美的解决办法？答案是：OCR技术+人脸识别。移动智能时代，只需要下载App，扫描身份证件和银行卡，进行活体检测和人脸识别就可以完成证券开户。

---

[1] 人工智能"入侵"证券行业 助力产业全面升级，http://www.sohu.com/a/233190459_375233

对比于传统线上开户流程，采用远程开户智能解决方案之后，用户无须手动输入身份证信息，身份证号码识别准确率达到100%；OCR识别银行卡，代替用户手动输入卡号，避免手动录入出错；然后根据身份证OCR识别出的证件头像和活体检测截取的现场人像进行人脸比对，再与公安部高清照片数据源进行比对，确认用户真实身份，提高风控安全性。

2. 柜台业务

"如何证明你是你？"在证券业可不是一个开玩笑的话题，单有身份证不够，数字密码也不能完全规避身份被他人冒用的风险。人脸识别，作为一种安全、可靠、快速、非接触性的生物识别技术，以它独有的优势，不仅可以便捷地认证本人身份，还能很大程度规避风险。柜台业务引入人脸识别技术，会带来完全不一样的业务体验——作为客户，首次到柜台办理业务时，会通过人脸识别和身份认证确认身份，并将照片信息保存入库。再次到柜台办理业务时，就可以靠"刷脸"直接办理业务了。既方便快捷，又可以避免身份证丢失、密码泄露等一系列疏漏带来的风险。

与此同时，柜台引入OCR技术，可以自动识别录入业务过程中需要的卡（证）、执照等信息，还能对办理业务产生的表单进行自动识别和审核，协助柜台人员检查资料的正确性和完备性，并对签名、盖章和手写风险告知等进行核实。

对于企业来说，引入人工智能技术直接带来的效果是业务流程简化，业务效率提升，从而使用户体验大大改善，转化率提高，同时风控安全进一步得到保障，并由此可以带来长效的经济效益。

3.财务报销管理

大中型企业的财务人员每天要接触大量的表单、合同、发票等，要将其一一区分，还要手动将票据上的重要信息录入计算机里的财务系统。发票数量过多时，还需要按着计算器算总额，一不小心按错又得重头算起，最后还需要人工核对。重复、烦琐、低效率地录入、核对、核销的工作量占据了财务管理人员绝大部分的精力。而且在很多情况下，为了节约时间，不可能把票据、表单上呈现出的信息全部录入系统，只能选择部分重要信息保存，因此，大量有巨大潜在价值的数据会丢失。

对于证券业来说，准确、有效、大量的数据意味着巨大的商业价值，高质量的OCR识别技术意味着可以用有限的成本存储完整的信息，从而挖掘到更具价值的数据。

4.IPO资料数字化

对于证券人来说，提到IPO的时候最先联想到的是什么？——"成山"的资料和"成海"的数据。

企业在申请IPO时需要处理的财务报表、审核报告等海量的文档，通过OCR识别技术就可以将不同格式多种模板的文本进行快速、批量化录入，将纸质IPO资料转化为可修改的结构化信息进行保存，方便数据检索、分析、审核。

OCR识别技术识别速度快、结果精准，普通资料进行扫描识别后可直接入库，重要资料只需进行简单审核。如此一来，可以大大降低人力成本，顺利完成海量IPO资料数字化工作。

二、人工智能如何改变证券业

基于人工智能、大数据的智能金融技术、产品与服务正在引发证券业的多重变革[1]。

1. 智能金融的普惠性带来的新型用户群体

传统资管业务以人工为主，服务成本高昂，仅针对高净值人群开展，普通投资者无力消费。智能投顾具有"一对多"的特性，边际服务成本可以忽略不计。因此，智能投顾不仅可以提高服务效率，而且

---

[1] 吴渊：证券业智能金融发展状况市场报告，http://stock.jrj.com.cn/invest/2017/09/28170123183734.shtml

还起到了发展普惠金融的作用，让国内庞大的收入一般的人群也能享受到资产配置服务。

2. 智能金融的发展，使投资策略更加数据化，使量化投资更加普及

在传统证券机构中，投资策略的制定更多依靠投资专家的个人感觉，容易掺杂主观偏见及个人情绪。人工智能以先进的数学模型替代人为的主观判断，减小了情绪波动的影响，克服了人性的弱点。同时，以往量化投资策略大多专属于投资机构的专业领域，随着智能投研平台的普及，利用大数据、云计算验证投资策略越发"亲民"，使量化投资策略更加多样化。如金融界开发的智能投研产品，就提供建立在精准数据与现实逻辑之上的高效回测工具，让策略与用户间能够对接并形成闭环。

3. 智能金融改变了传统证券业"千人一面"的服务模式

随着证券机构的前台业务向移动端转移，利用移动互联网的丰富承载能力向用户提供定制化服务成为可能。证券平台可以根据用户画像，推荐多元化的资产配置方案。

三、人工智能赋能证券业全面数字化转型

按照麦肯锡对中国证券业的分析研判，未来中国证券业将面临行业分化整合、客户机构化、业务资本化、全面数字化和运营智能化五大发展趋势[1]。其中全面数字化指的是端到端数字化和金融科技的应用将成为行业常态，要求券商从组织、人才、理念等方面进行全方位的数字化转型。

证券业的业务是数字处理，而智能金融的核心就是数据、算法、机器学习等模型，也是建立在数字之上的。因此，人工智能在推动证券业数字化转型方面具有天然优势。按照麦肯锡的观点，未来数字化将从客户交互、决策、流程、创新四个方面影响券商。

1.客户交互提升。利用网络和科技手段为机构客户和企业客户提供新的服务模式，如高盛开放基于其核心系统的Marquee平台供客户接入，并打造数据与通信平台；Symphony为客户提供基于云计算的加密即时通信，此外，还整合了道琼斯、汤森路透Eikon等公司服务，作为行业分发平台，帮助机构客户进行安全沟通、定价和报价，最终实现卖方赋能买方。

1　麦肯锡，展望2019年中国证券业：把握五大趋势六大主题

2.大数据驱动决策。基于数据分析为客户匹配更精准的产品和服务，实现存量客户挖潜。利用算法可以从不完整的客户数据中提炼洞见，而机器识别推介其他产品可弥补客户经理因不了解情况而错失的交叉销售机会；同时数据分析在研究、定价、风险管理方面也将发挥重要作用。

3.运营流程自动化。除了提升前台产能，数字化在中后台将提高券商运营效率、减少人工审批环节出现的疏漏且有助于更及时准确地把控风险。机器人流程自动化（RPA）已在投行运营中台展现出巨大潜能，它能迅速完成数据提取和清洗等日常工作，在交易风险计算方面，机器人可以下载、验证和分析银行头寸。一些银行已将该流程所需的资源减少了95%，所需时间从10天缩减到20分钟，流动性风险计算也可由机器人代劳。

4.金融科技推动创新。国际投行近几年不断加大对金融科技公司的投资布局力度，仅2017年，高盛在金融科技领域至少投资了15家企业。华尔街六大投行均投资了人工智能投研分析公司Kensho，Digital Asset和Axoni等区块链公司也已获得高盛、花旗等多家投行的投资。

在高盛、摩根斯坦利等大投行纷纷宣称向科技公司转型的今天，仅仅扩招IT人员、加大投入并不够，许多券商的线上平台尚未以客户体验为导向，内部大数据分析、流程自动化的尝试也常流于形式，未广泛被员工接纳应用。数字化转型需要将公司理念向互联网公司的"客户体验为王"转变，决策机制应更灵活且去中心化，组织架构更敏捷且应提高技术类员工的比例，将数字化真正融入业务之中[1]。

---

1 麦肯锡，展望2019年中国证券业：把握五大趋势六大主题

第六章 得人才者得天下

德国哲学家康德的墓碑上刻有这样一段话：世上有两件东西能深深地震撼人们的心灵，一是我们头上灿烂的星空；一是我们心中崇高的道德准则。

书到此处，时间已步入公元2019年，作为对个人关注领域的阶段性思考与总结，我们将不得不做个短暂的停留，以便我们能够在系统梳理的基础上，对人工智能在金融科技领域的应用有更新的认识和更加深度的观察；同时，也能够停下脚步、仰望星空，并对人工智能给金融行业乃至人类社会带来的深刻变革进行思考。

一、即将被人工智能抢走的职业/岗位

剑桥大学教授迈克尔·奥斯本和卡尔·弗雷曾共同发布一项报告，

该报告根据大数据计算系统分析了365种职业/岗位在未来被人工智能淘汰的概率，这里选取其中排在前10位的职业/岗位按被取代概率高低进行排序，如表6-1所示[1]：

6-1 所示　被人工智能淘汰的职业/岗位

序号	职业/岗位	被取代概率	备注
1	电话推销员	99.0%	即使没有人工智能，这个单调机械的工种也终将被淘汰
2	打字员	98.5%	曾几何时，打字员也是一份体面的工作。如今，只有速记员能靠打字生活，而随着语音识别技术的成熟，让速记员的饭碗也岌岌可危
3	会计	97.6%	会计的本质是收集信息和整理数据，而机器人的准确性无疑更高
4	保险业务员	97.0%	保险业的智能化正在加速。目前，已有多家保险巨头公司将智能技术引入售后服务领域
5	银行职员	96.8%	一些处理机械流程的银行职员，其专业水平和工作效率，恐怕难以与机器人匹敌
6	政府职员	96.8%	在政府的一些基层机构里，部分职员的工作重复性高、严谨性高，其实非常适合由机器人代劳
7	接线员	96.5%	随着智能语音系统的发展，可以想见接线员会很快被取代
8	前台	95.6%	前台是一个以展示、引导、接待为主的工作，而机器人很擅长提供这样的服务
9	客服	91.0%	看看Siri就知道了，人工智能客服平台是大势所趋
10	人力资源	89.7%	简历的审读、筛选，薪酬体系的管理等工作，未来都可以由机器人来做

1　根据《人工智能替代大预测！记者仅8.4%，银行和会计成重灾区》整理汇总，https://www.iyiou.com/p/73993.html

通过表6-1我们发现，除了排在第6位的政府职员似乎与金融业关系稍远，其他9大类职业/岗位都与当前金融业息息相关。这也从数据的角度再次证明了我们在前文中不断提及的人工智能将会替代金融业中那些简单、高频、重复性的岗位。

二、人工智能解构金融人才体系

1. 人工智能的应用呼唤高端复合型人才

正如我们在前文中反复强调的那样，人工智能目前还处于"弱人工智能"阶段，还是以帮助人类更好地完成某项任务的形象出现，所取代的也还是那些相对简单、重复性强的职业/岗位。同时，人工智能催生出对于那些具有人工智能与金融复合型知识体系、具有思想和创造力的高端人才的需求。

2. 当前中国高端人工智能基础人才缺口较大

根据清华大学中国科技政策研究中心的统计数据，截至2018年6月底，中国人工智能企业数量已达到1011家，位列世界第二。截至2017年底，中国的人工智能人才拥有量达到18232人，占世界总量的8.9%，仅次于美国（13.9%）[1]。腾讯研究院的统计分析数据则进一步表明，与美国相比，中国人工智能产业的主要从业人员集中在应用层，

---

1 清华大学中国科技政策研究中心《中国人工智能发展报告（2018）》

而美国主要集中在基础层和技术层。中国的基础层人才储备不足，应加大人才培养力度[1]。

从金融科技所需要的高端人才来看，单纯的人工智能人才只能解决技术层面的问题，还缺乏对金融本身的深度理解和产品设计思维，而能将两者结合的人才将是未来金融科技人领域的稀缺资源。

三、"AI+金融"人才体系重构与高校非学历教育的使命

产业发展需要是高校人才培养的驱动力和指挥棒，但由于教育自身发展的属性和体制机制限制，高校的专业设置永远是滞后的。例如，截至2017年7月底，由教育部批准设立"智能科学与技术"本科专业的高校已达36个，人工智能相关方向专业达到79个，顶尖院校纷纷成立了有关人工智能研究院的重点实验室。目前我国人工智能领域的教学和研究主要集中在计算机、电子信息、自动化等院系[2]。截至2018年3月底，经教育部批准设立"金融科技"本科专业的院校仅上海立信会计学院一家。在本科阶段开设符合"AI+金融"人才需要的专业似乎遥遥无期。

---

1 腾讯研究院：中美两国人工智能产业发展全面解读
2 清华大学中国科技政策研究中心《中国人工智能发展报告（2018）》

反之，作为高校学历教育与产业应用发展的重要补充的非学历教育，由于其具有极强的应用性和市场化运作机制，对于产业的动态和人才需求更为敏感，在教学体系设计方面也能够更加贴近企业端的需求，将成为"AI+金融"人才培养的主力军。比如，笔者效力的上海交通大学海外教育学院2018年与中国农业银行总行签署战略合作协议，将从中国农业银行总行层面开始，为中国农业银行系统培养金融科技与人工智能相关方面的专业人才。

总体来看，具备人工智能和金融两方面专业知识的复合型背景的高端人才较为稀缺，未来可以通过加强对两类人才补充知识盲点的引导，达到互相理解、高效融合的目的。在这一过程中，高校非学历教育大有可为，我们也将持续关注并不遗余力地为中国"AI+金融"人才的培养贡献力量！